Build It!

Make Supercool Models with Your Favorite LEGO® Parts

ROBOTS

Jennifer Kemmeter

GRAPHIC ARTS
BOOKS®

Contents

Robot Family

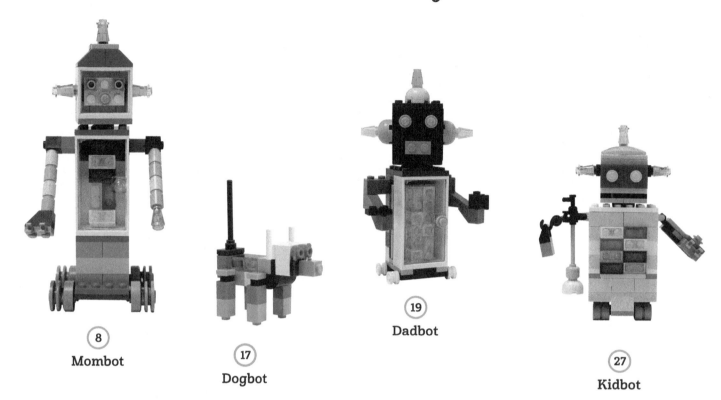

Flying Robots

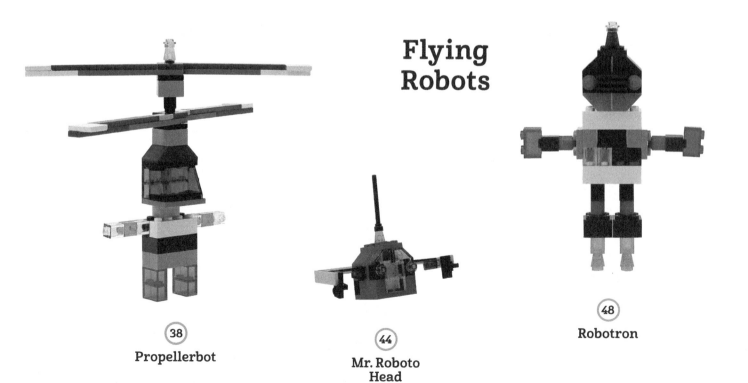

Emergency Squad

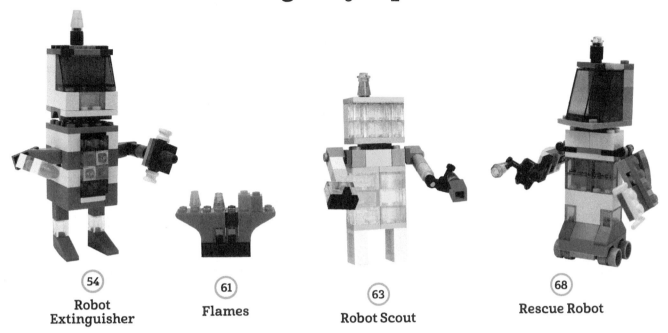

(54)
Robot Extinguisher

(61)
Flames

(63)
Robot Scout

(68)
Rescue Robot

Space Adventure

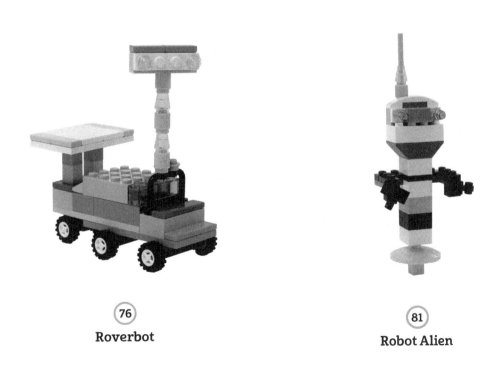

(76)
Roverbot

(81)
Robot Alien

How to Use This Book

What you will be building.

Build Dogbot

A photo of what finished Dogbot will look like.

An illustration of finished Dogbot that looks like the pictures in the steps.

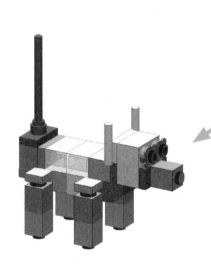

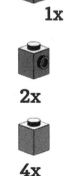

4x
1x
4x
1x
2x
2x

1x
2x
2x
1x
2x
2x

4x
1x
2x
1x

All the pieces you will need to build Dogbot are listed at the beginning of each of the instructions.

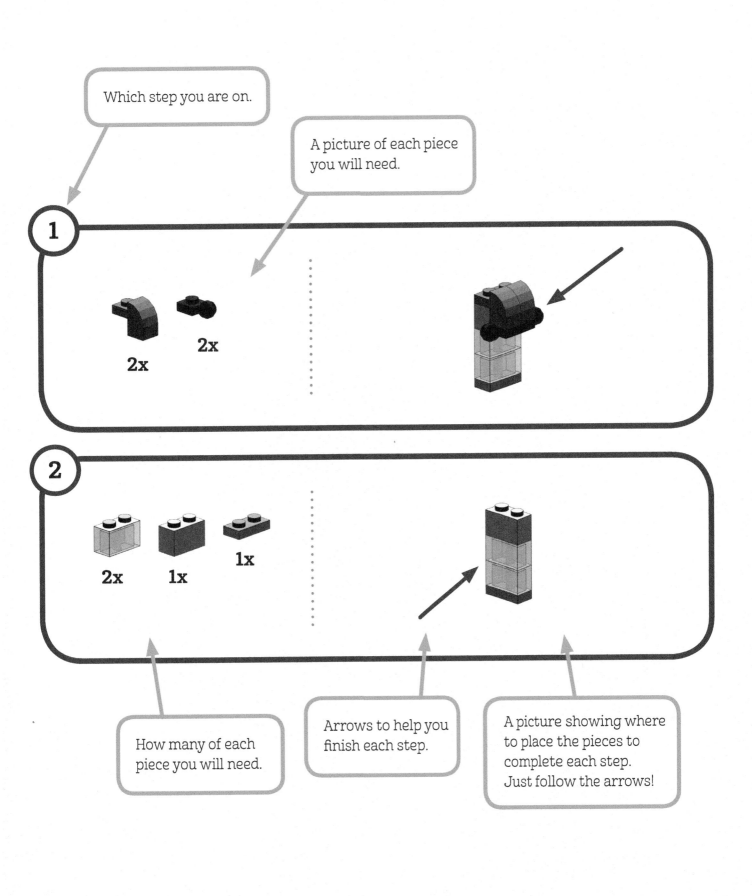

Which step you are on.

A picture of each piece you will need.

How many of each piece you will need.

Arrows to help you finish each step.

A picture showing where to place the pieces to complete each step. Just follow the arrows!

Robot Family

Dadbot

Dogbot

Mombot

Kidbot

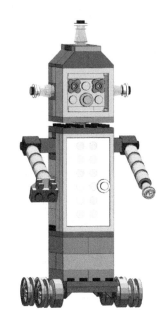

Build
Mombot

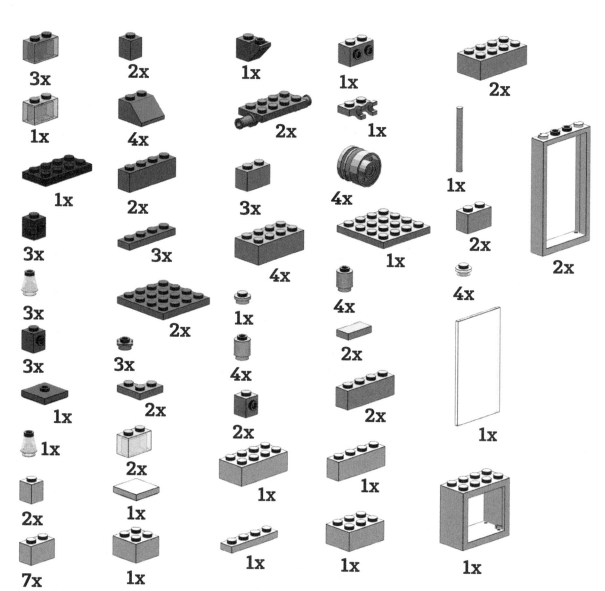

3x

2x

1x

1x

2x

1x

4x

2x

1x

1x

1x

1x

4x

2x

2x

3x

2x

3x

1x

4x

1x

2x

3x

3x

2x

4x

4x

3x

3x

1x

2x

1x

1x

4x

1x

2x

2x

2x

2x

1x

1x

1x

1x

1x

2x

1x

7x

1x

1x

1x

1x

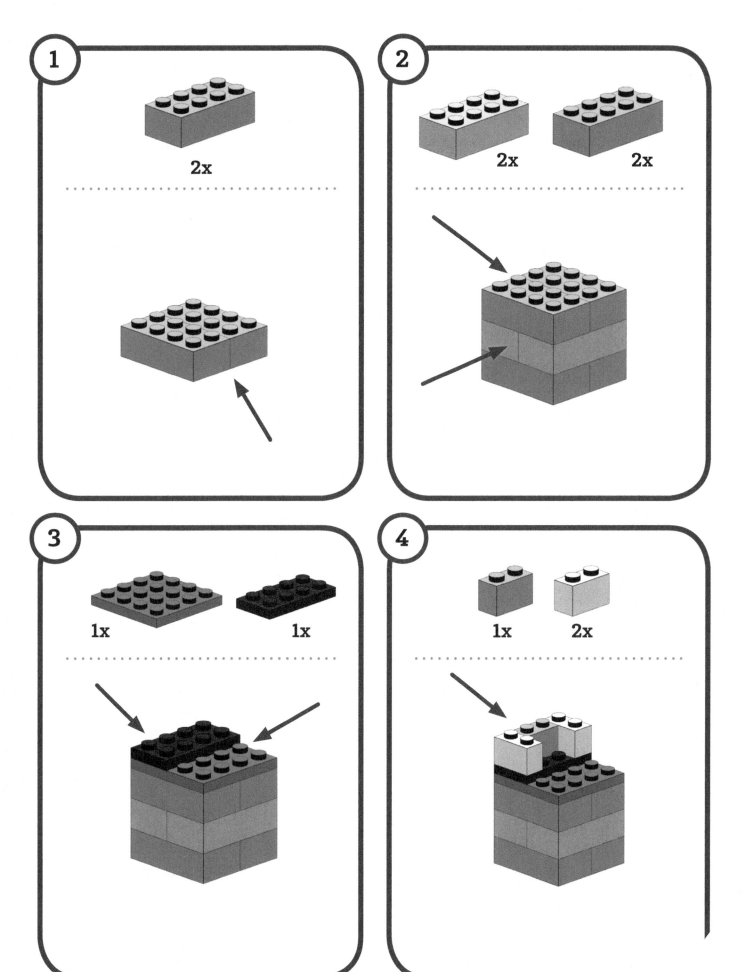

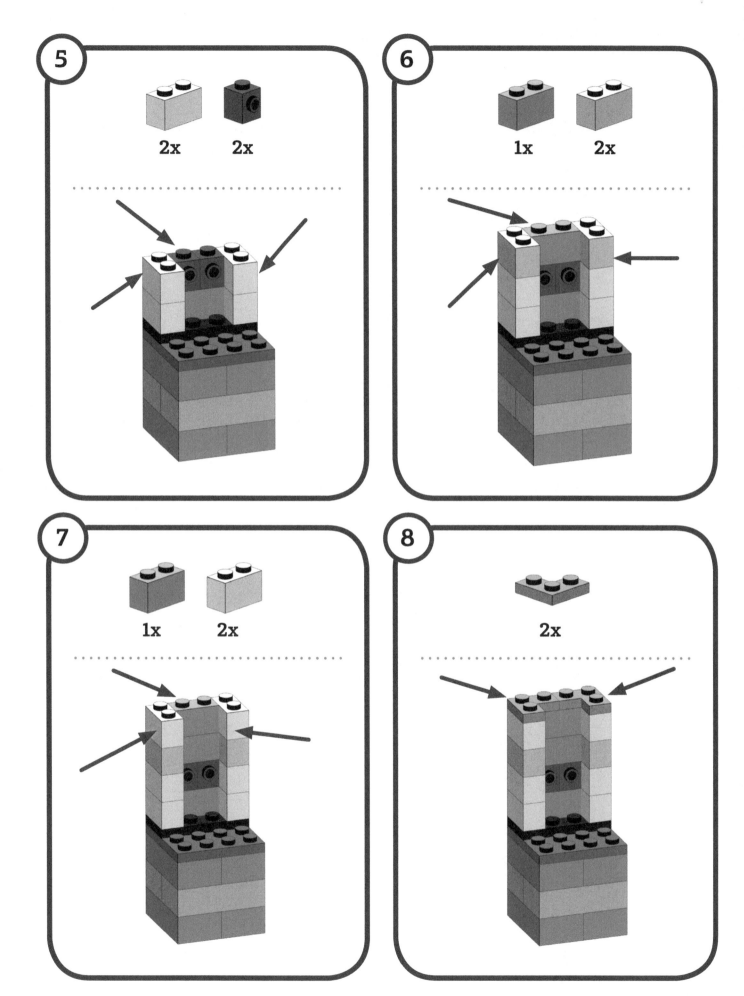

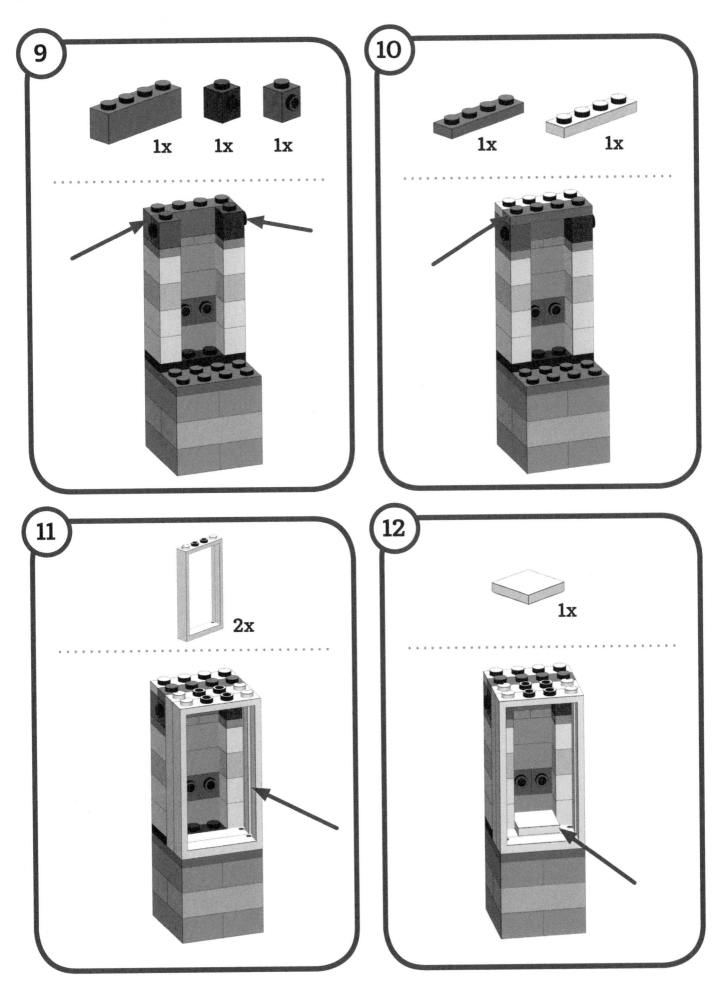

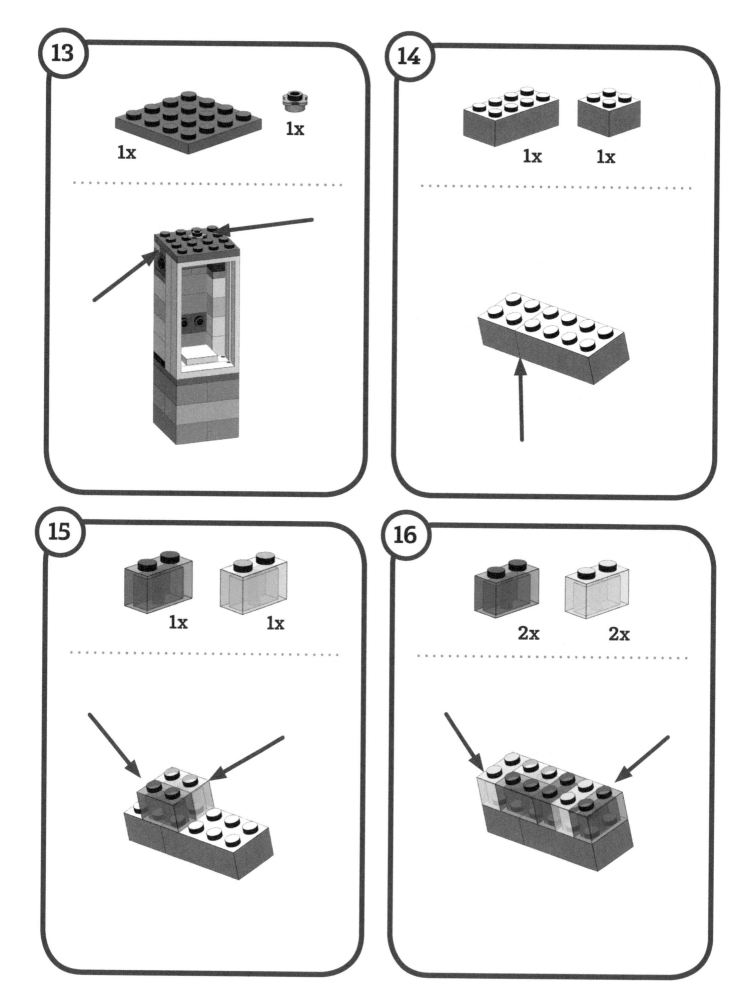

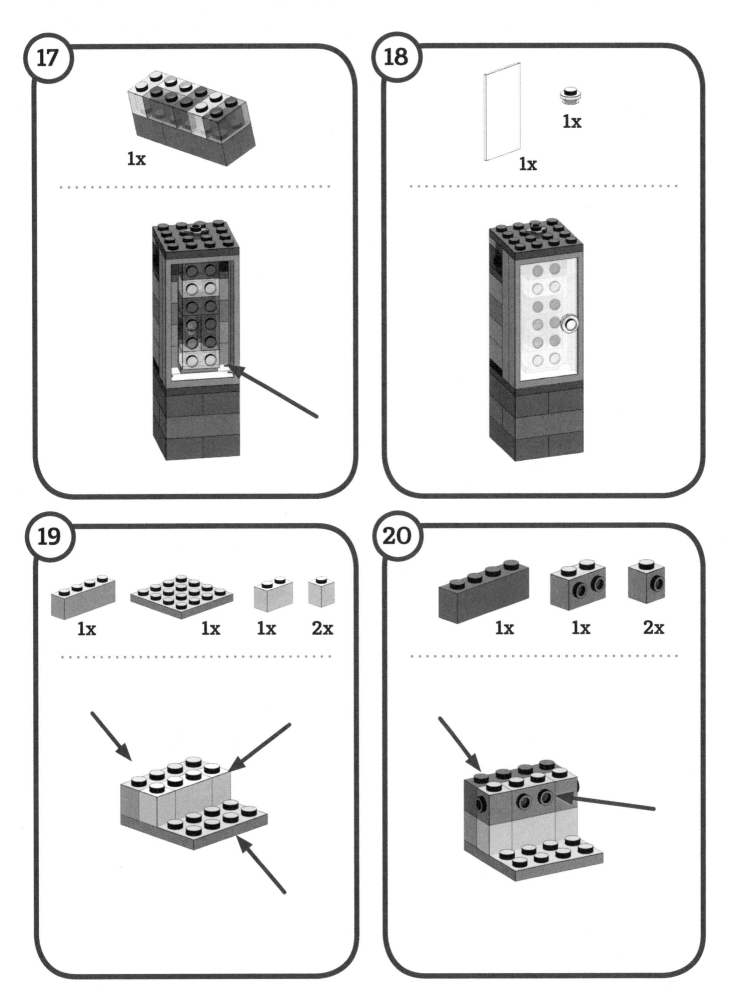

17

1x

18

1x   1x

19

1x   1x   1x   2x

20

1x   1x   2x

13

21

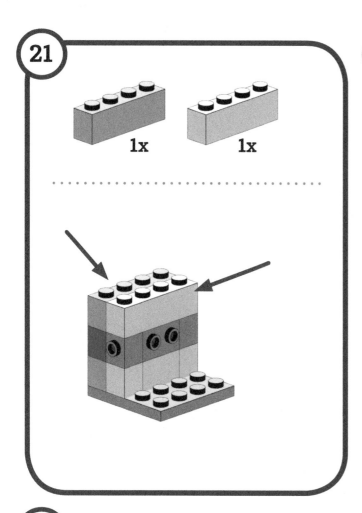

1x 1x

22

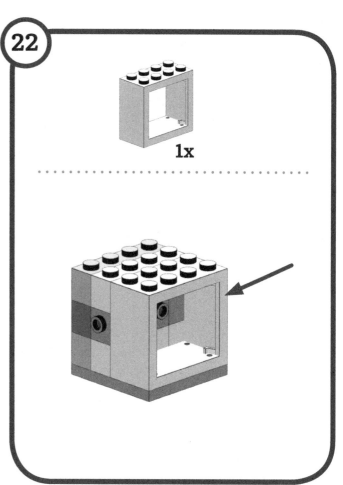

1x

23

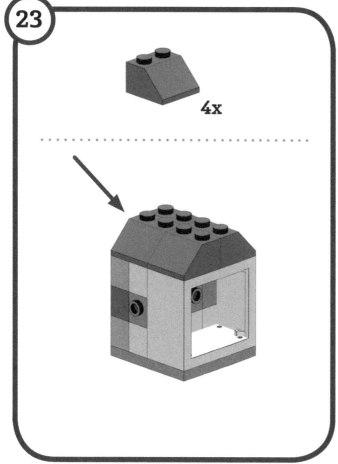

4x

24

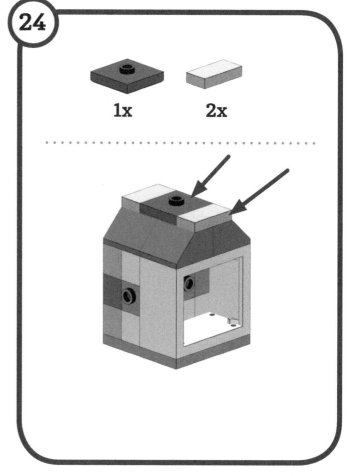

1x 2x

25

3x 3x

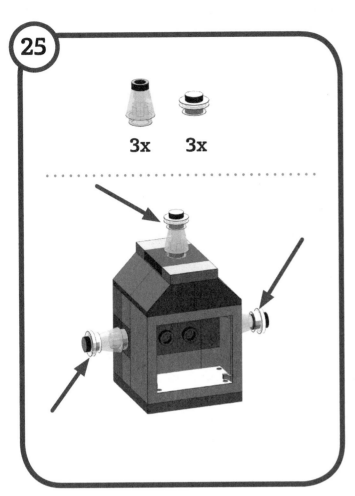

26

1x 2x 1x

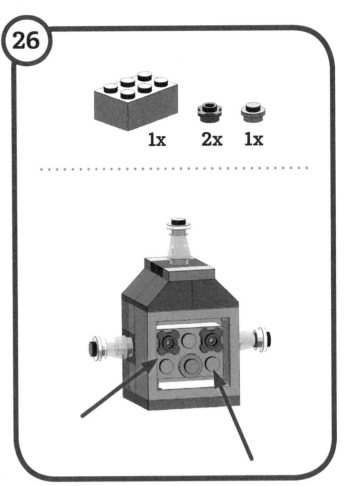

27

1x 1x

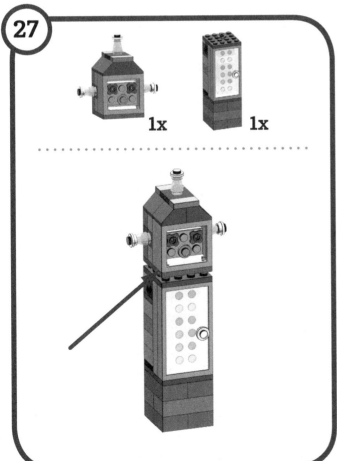

28

4x 2x 2x

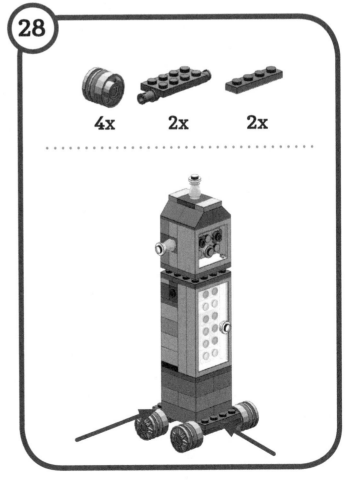

29

2x 2x

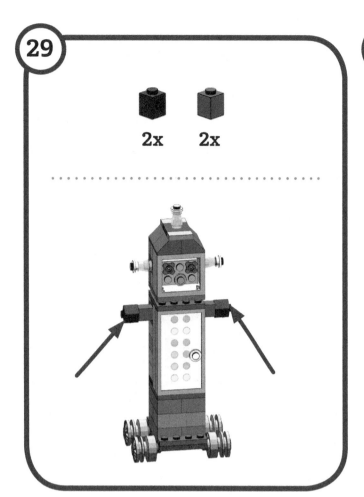

30

4x 4x

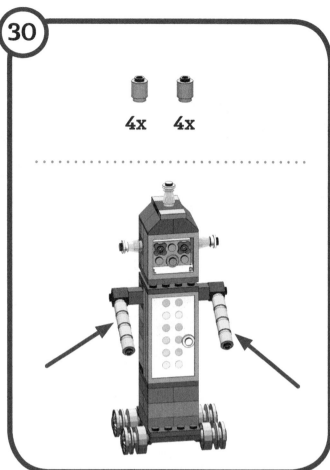

31

1x 1x 1x 1x

Build Dogbot

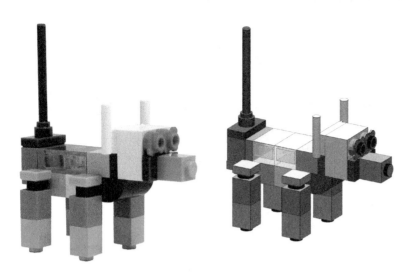

4x   1x   4x   1x   2x   2x

1x   2x   2x   1x   4x   2x

4x   1x   2x   1x

1

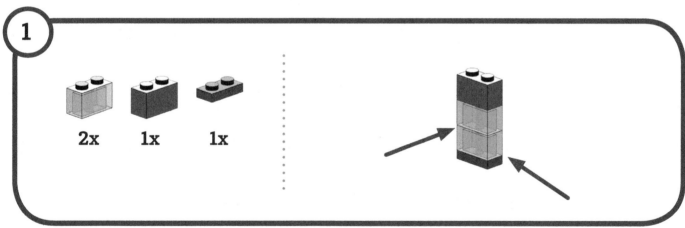

2x   1x   1x

2

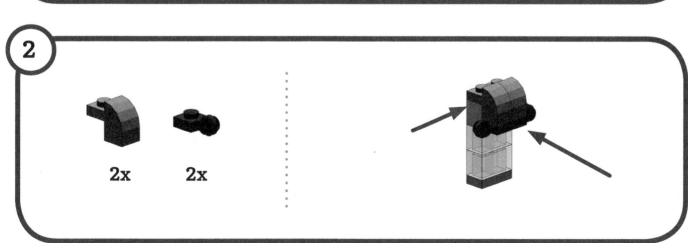

2x   2x

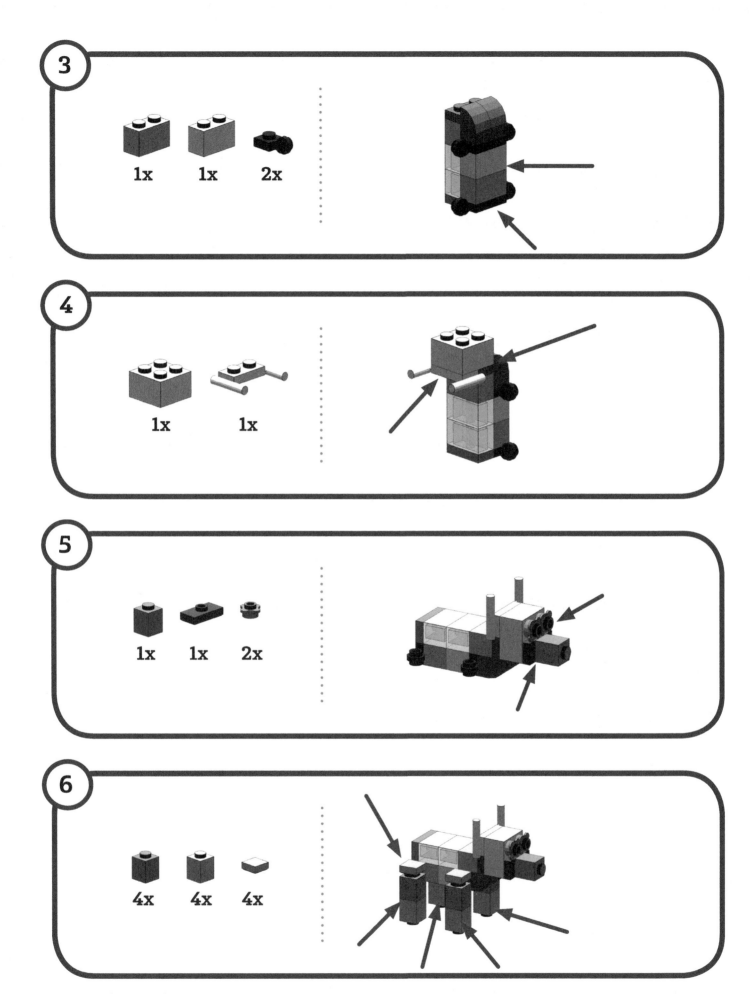

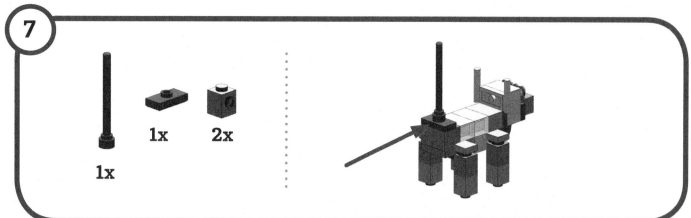

1x · 1x · 2x

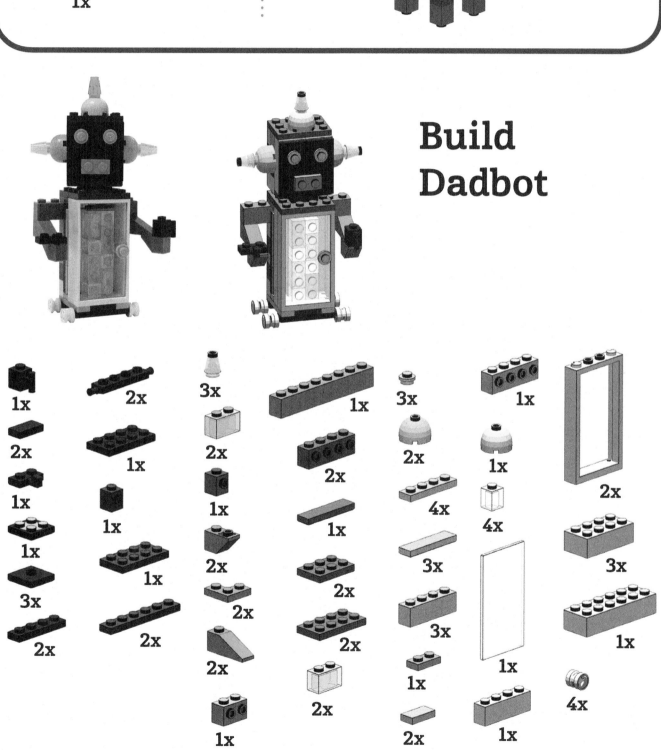

Build Dadbot

1x

2x

3x

2x

1x

1x

1x

3x

2x

2x

2x

1x

1x

1x

2x

2x

2x

2x

1x

3x

2x

2x

3x

2x

3x

1x

4x

3x

2x

1x

1x

1x

1x

4x

4x

2x

3x

3x

1x

4x

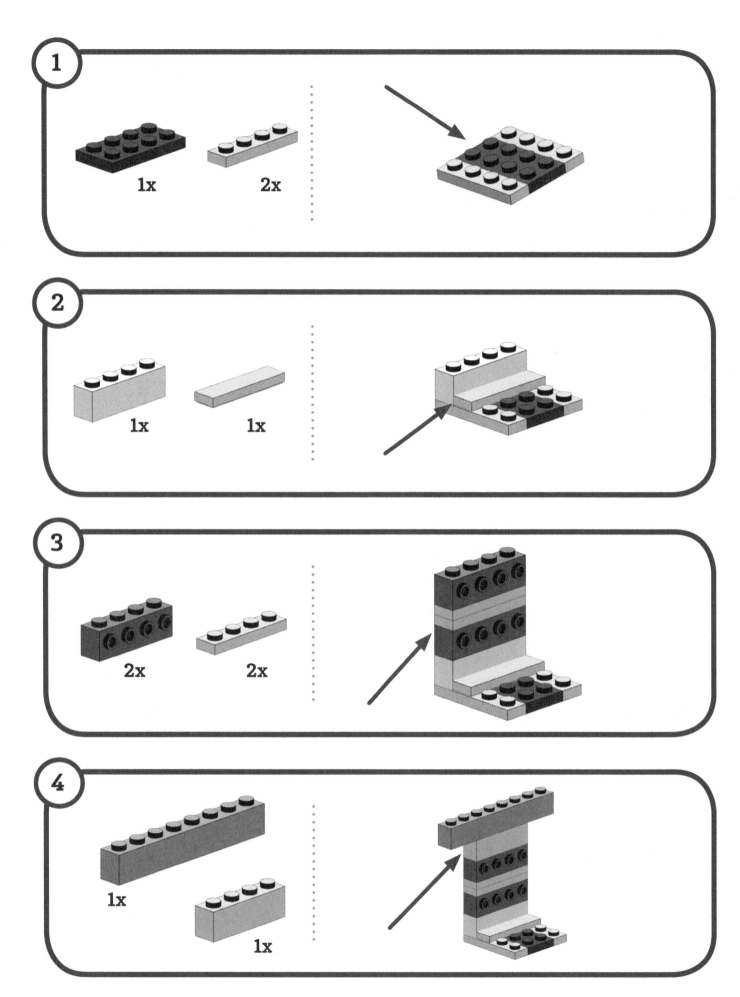

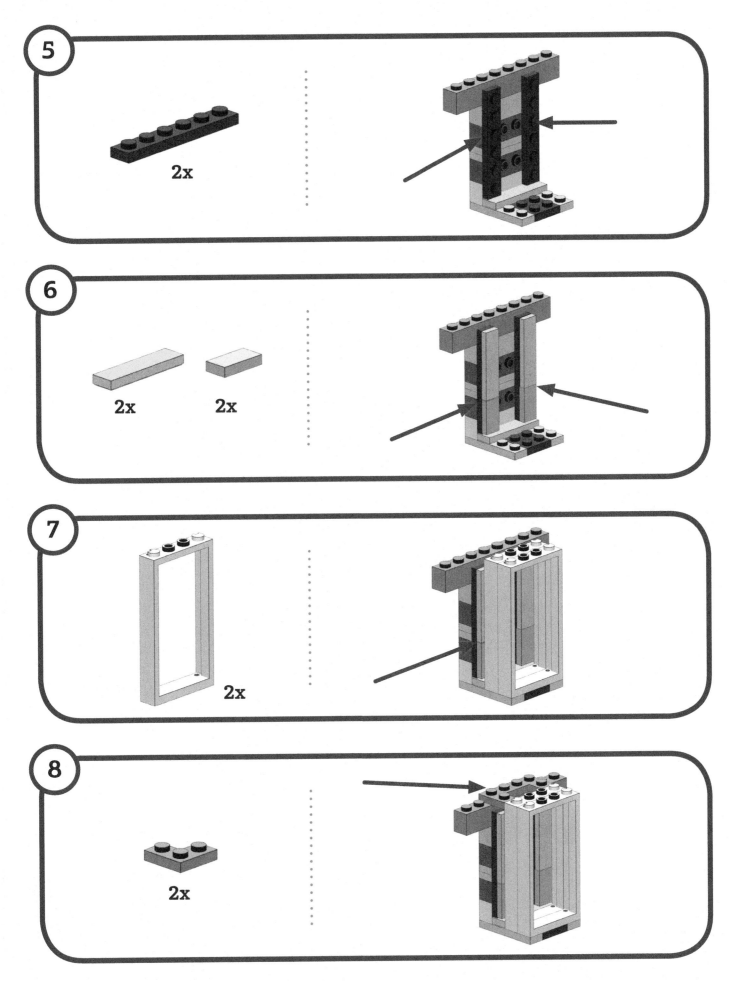

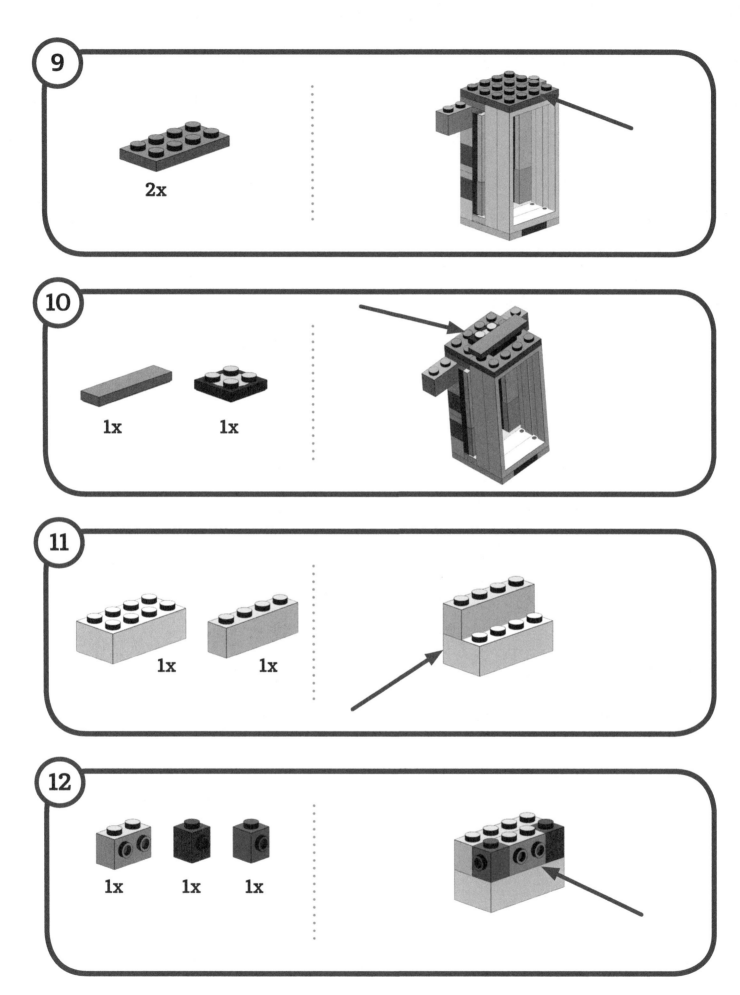

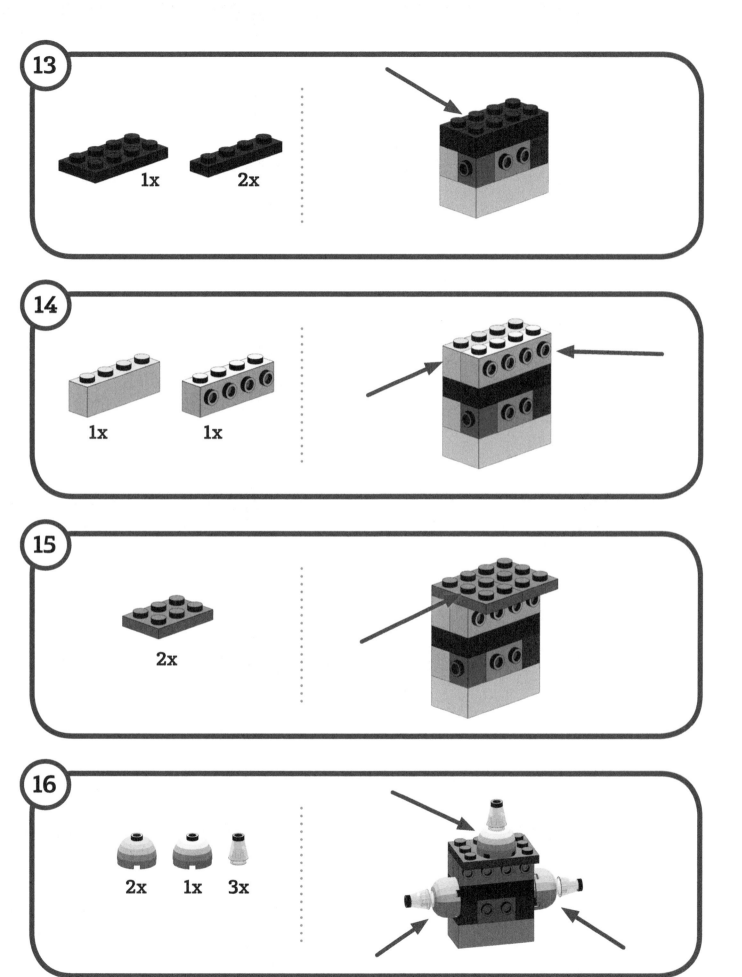

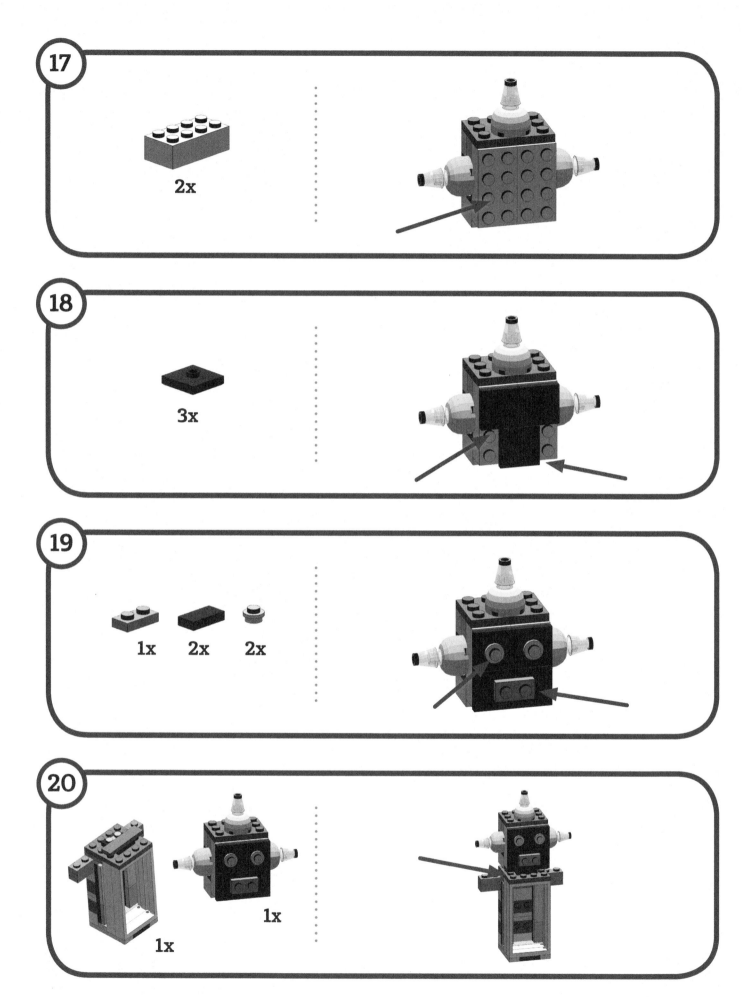

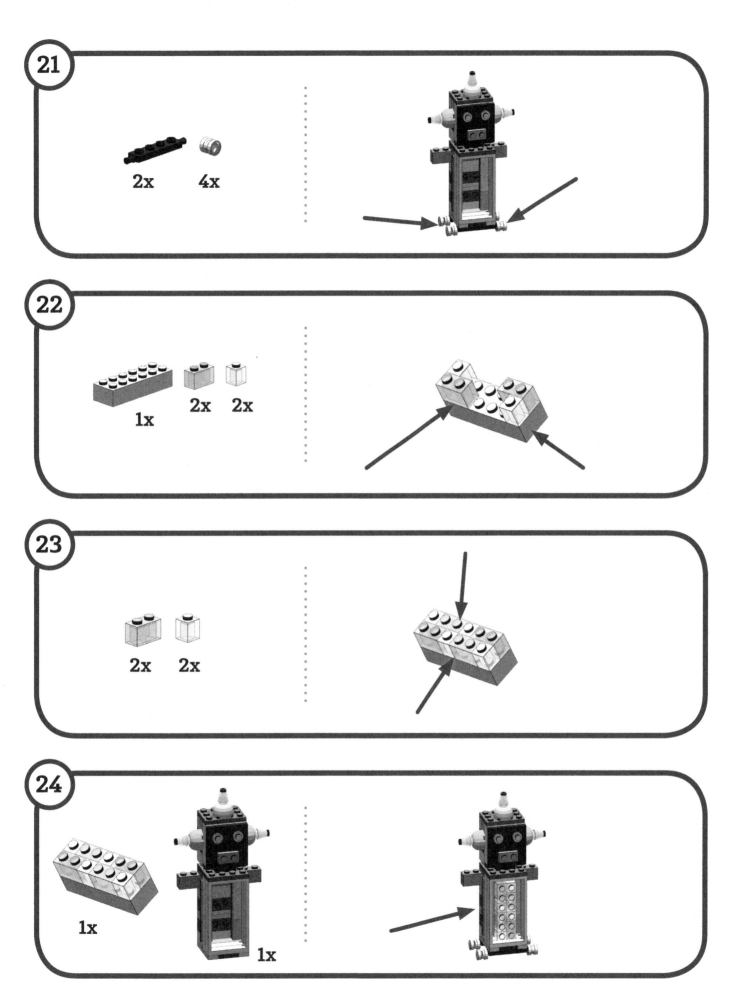

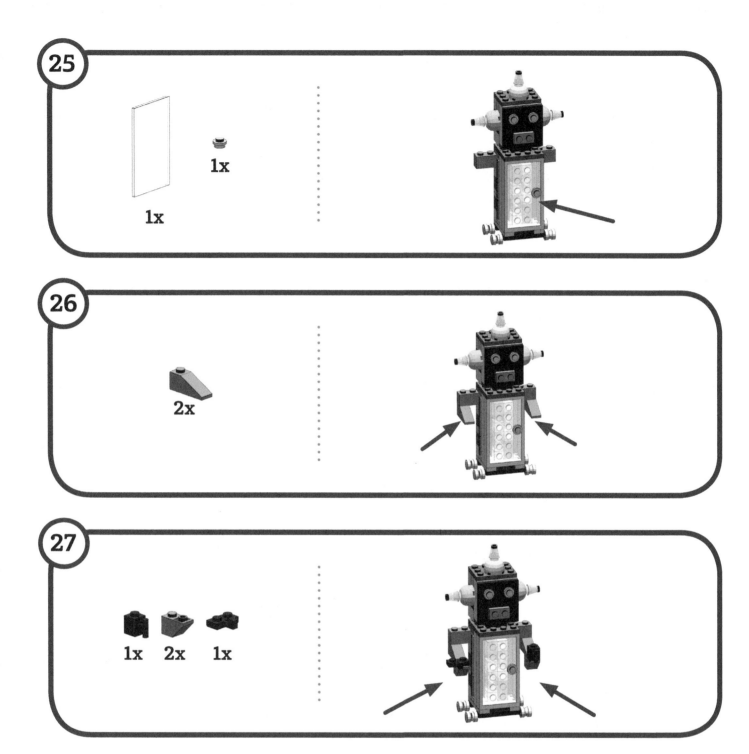

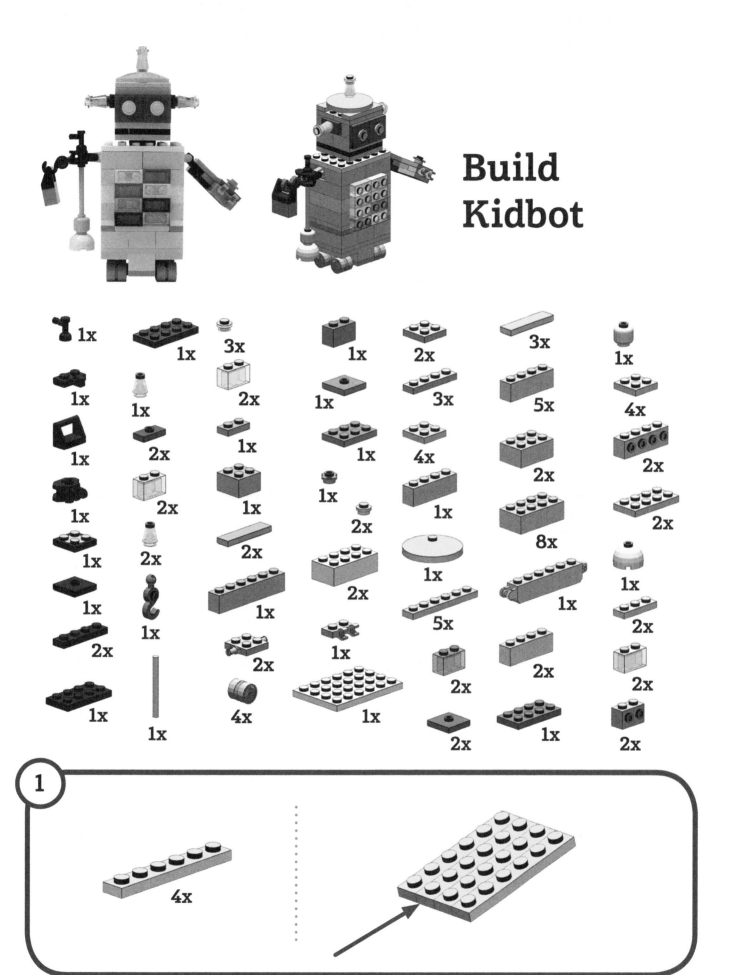

Build Kidbot

1x

1x 3x 1x 2x 3x 1x

1x 1x 2x 1x 3x 5x 4x

1x 2x 1x 1x 4x 2x

1x 2x 1x 1x 1x 2x

1x 2x 2x 2x 8x 1x

1x 1x 2x 5x 1x 2x

2x 1x 2x 2x

1x 4x 1x 2x 1x 2x

1

4x

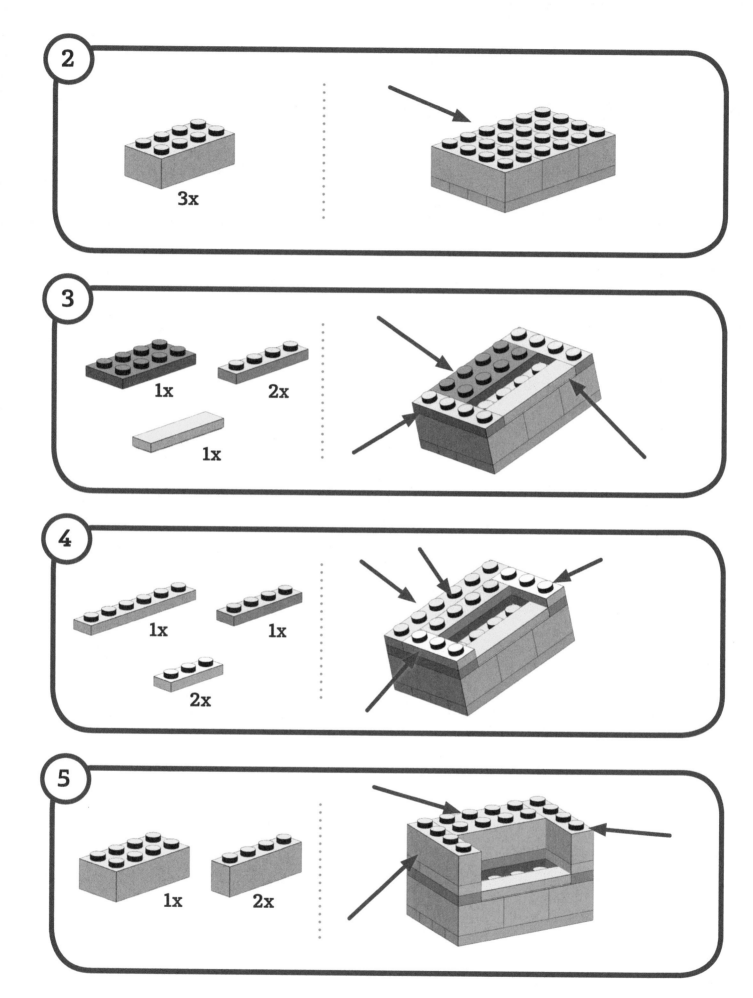

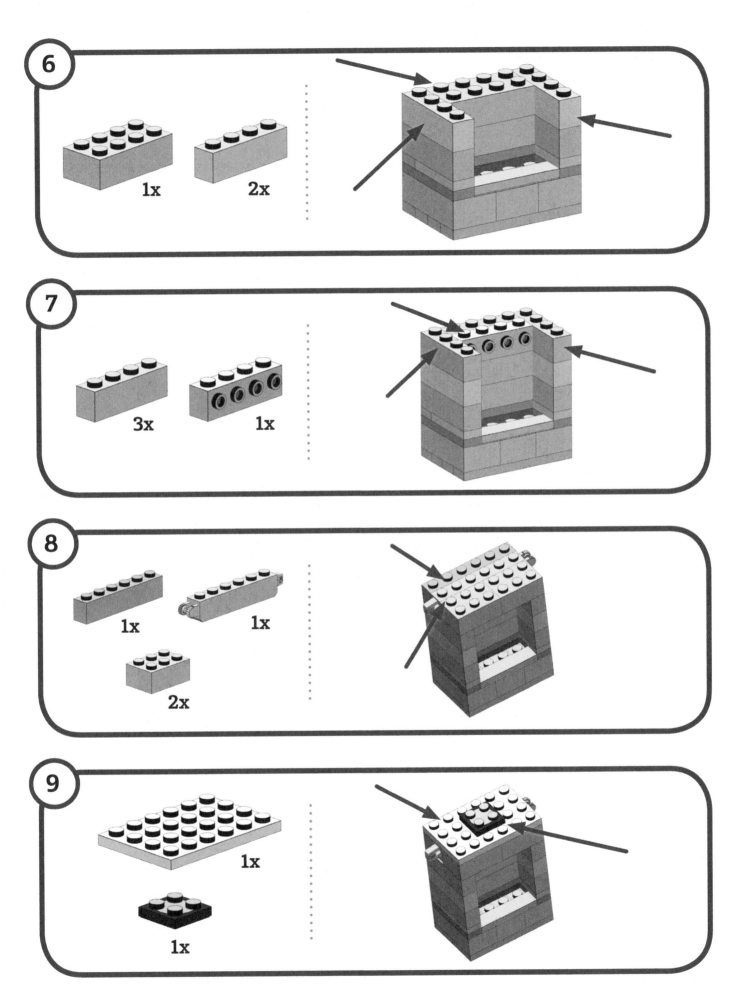

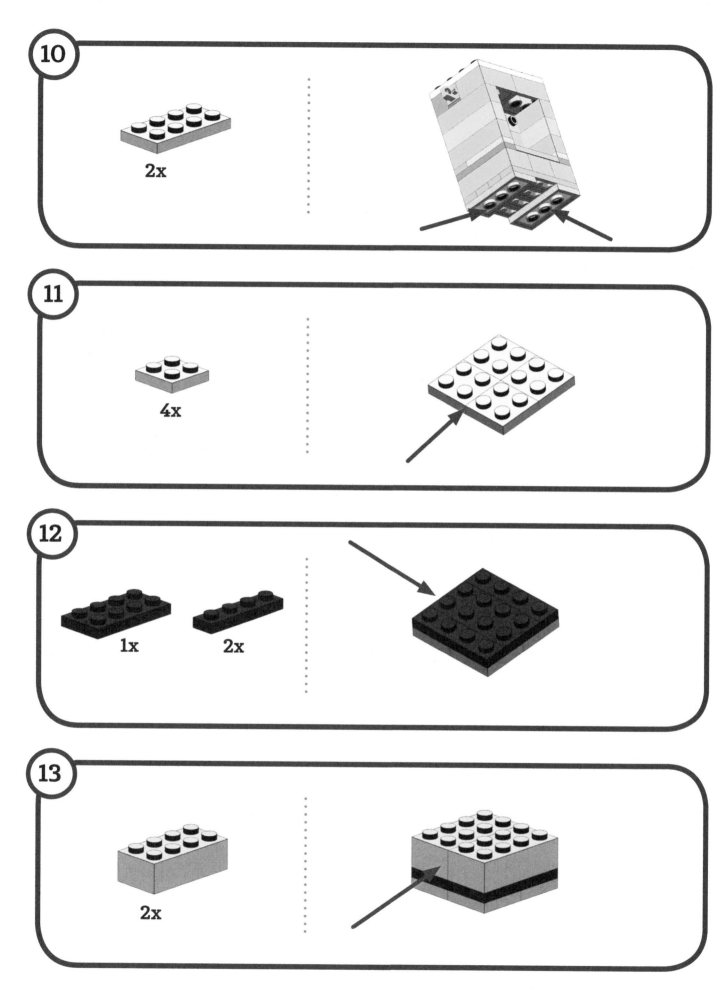

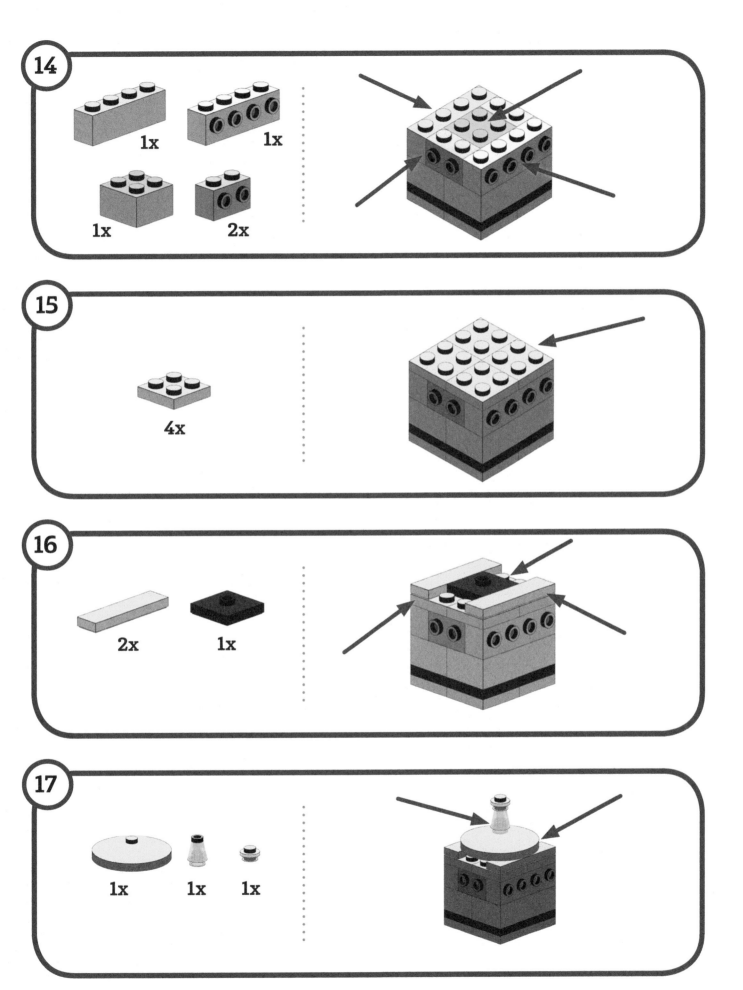

14

1x   1x

1x   2x

15

4x

16

2x   1x

17

1x   1x   1x

31

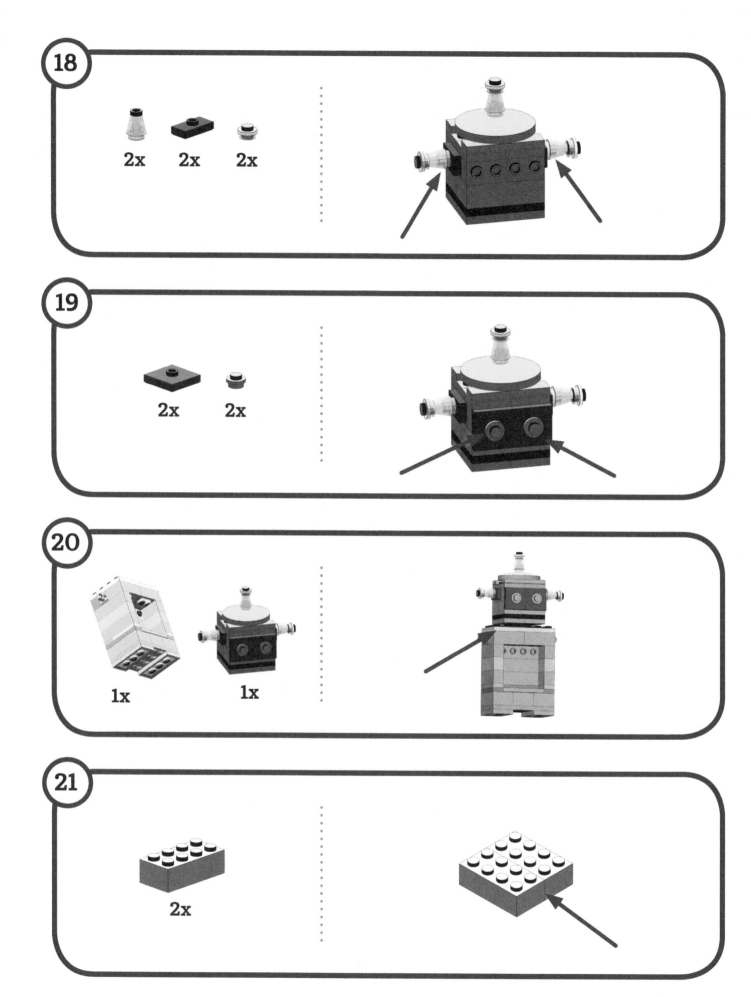

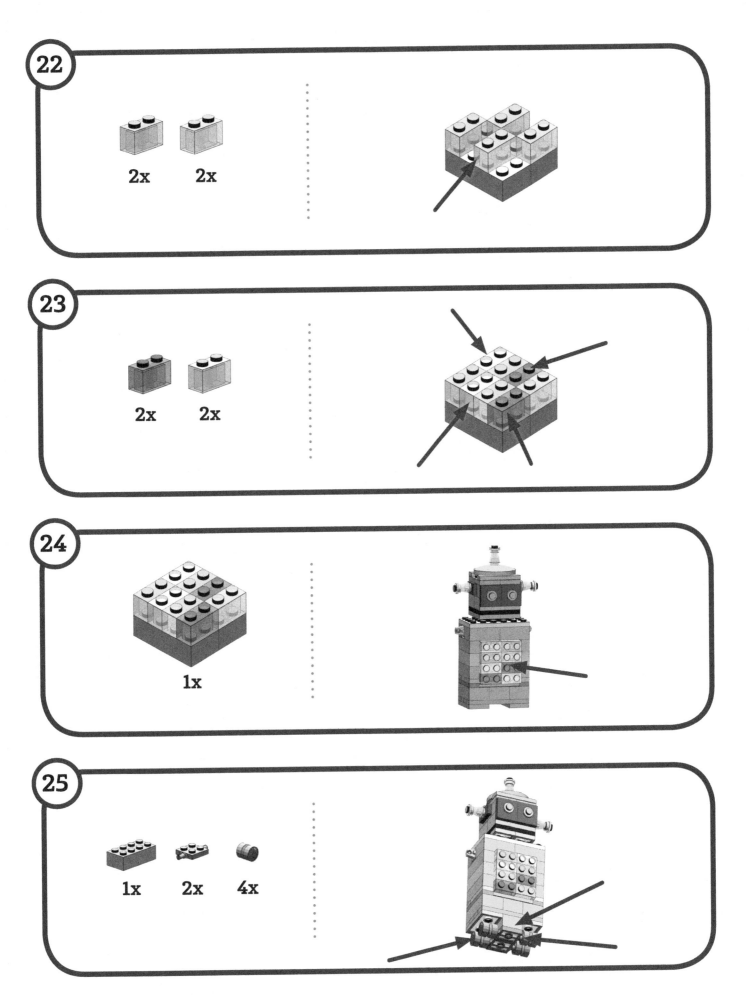

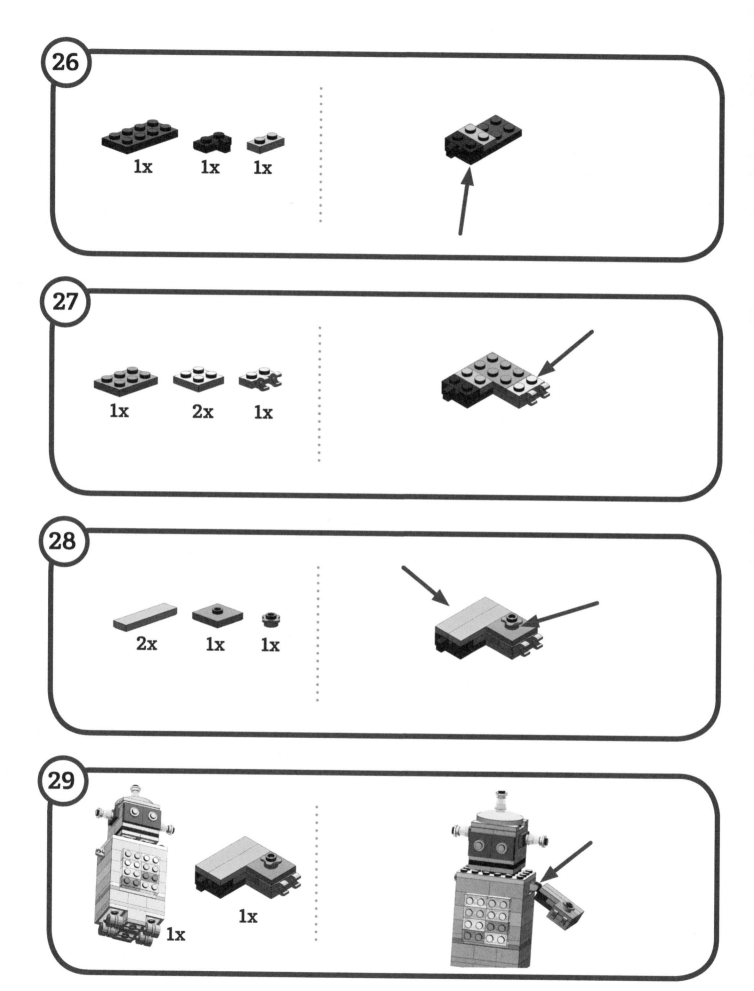

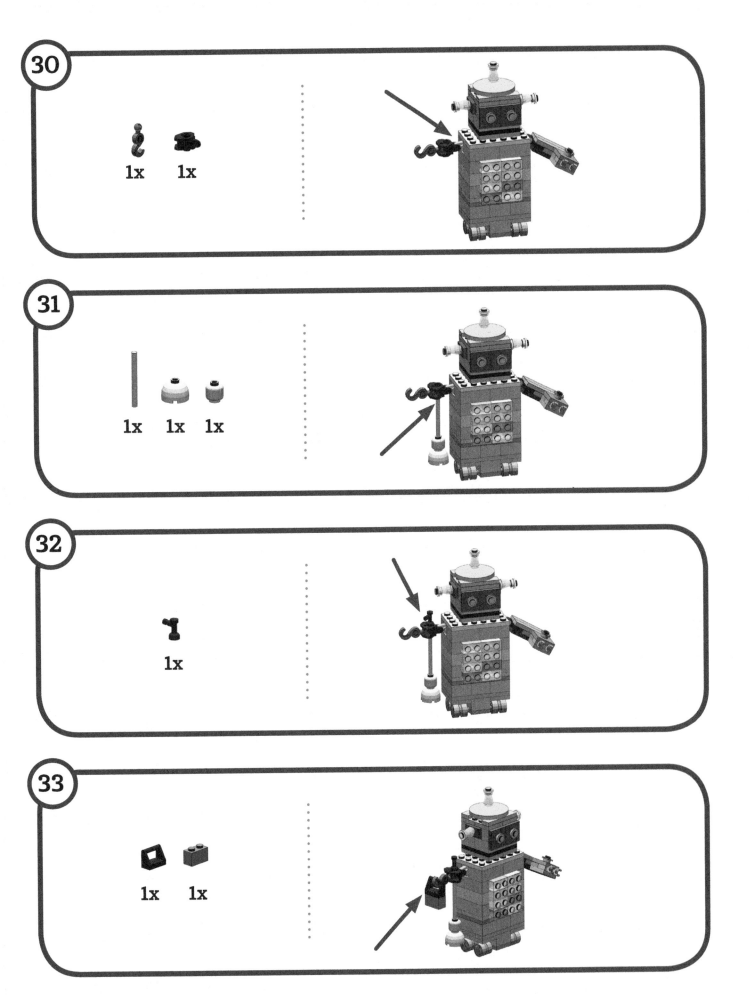

Flying Robots

Robotron

Mr. Roboto Head

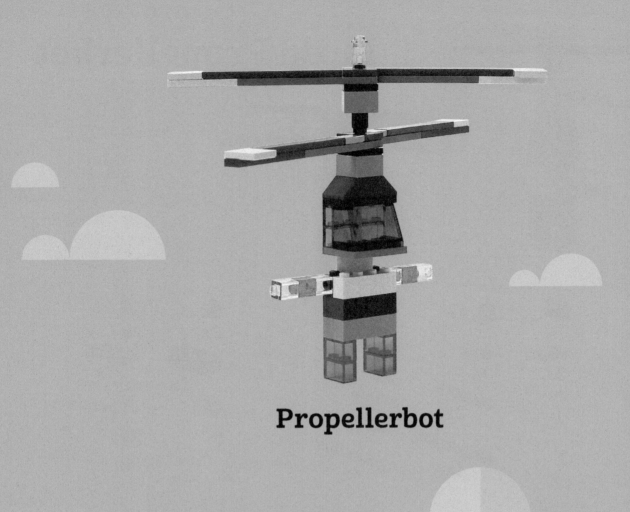

Propellerbot

Build Propellerbot

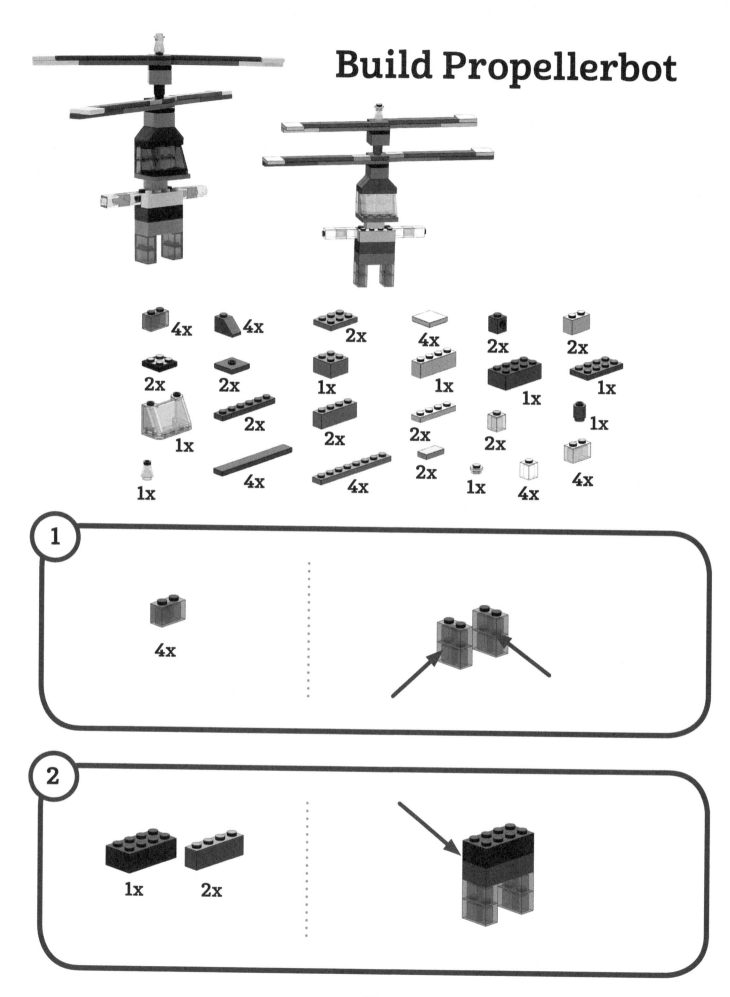

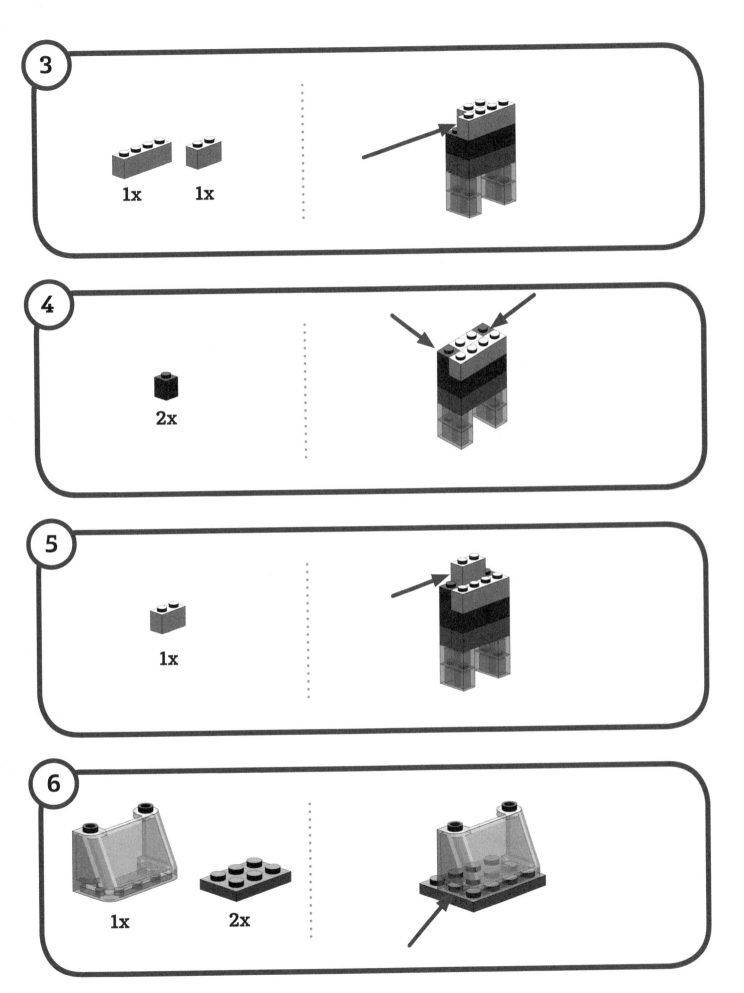

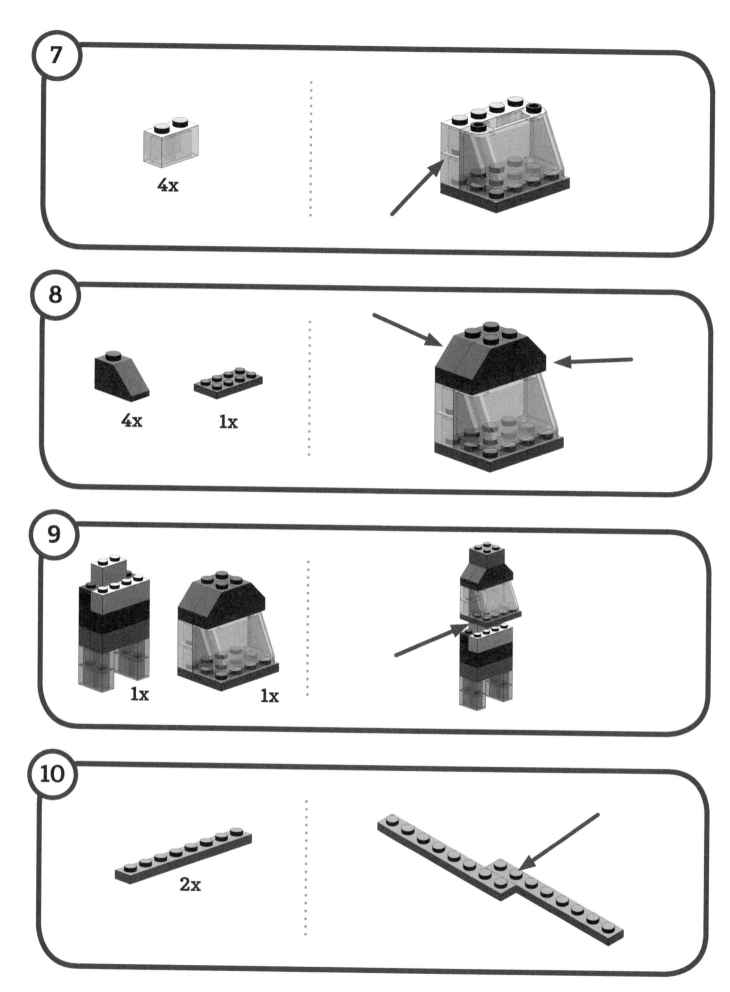

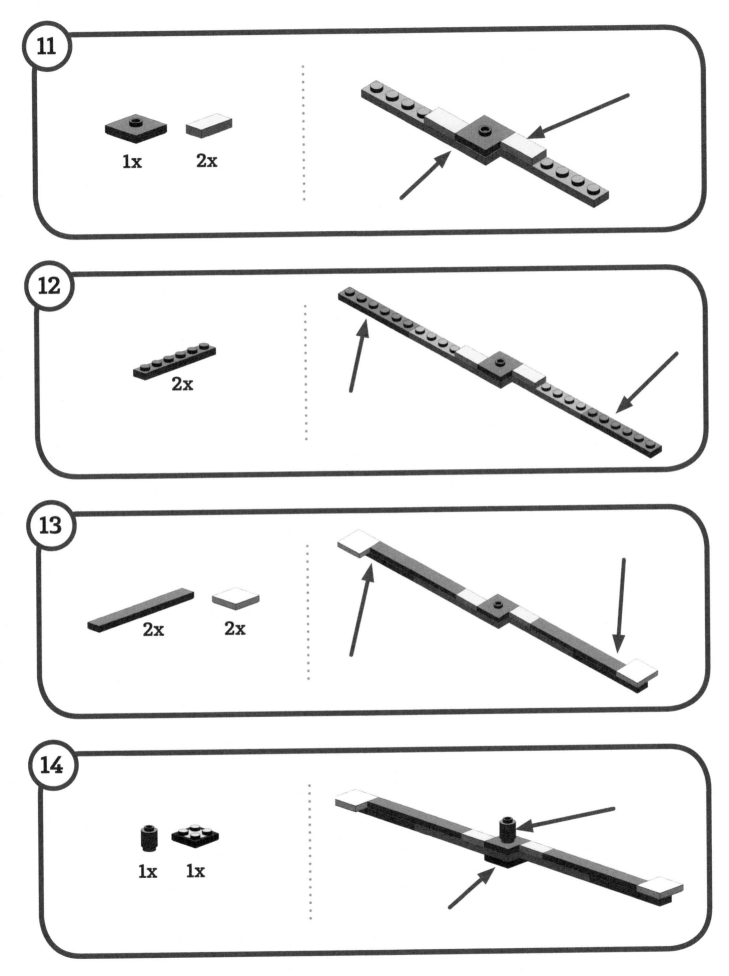

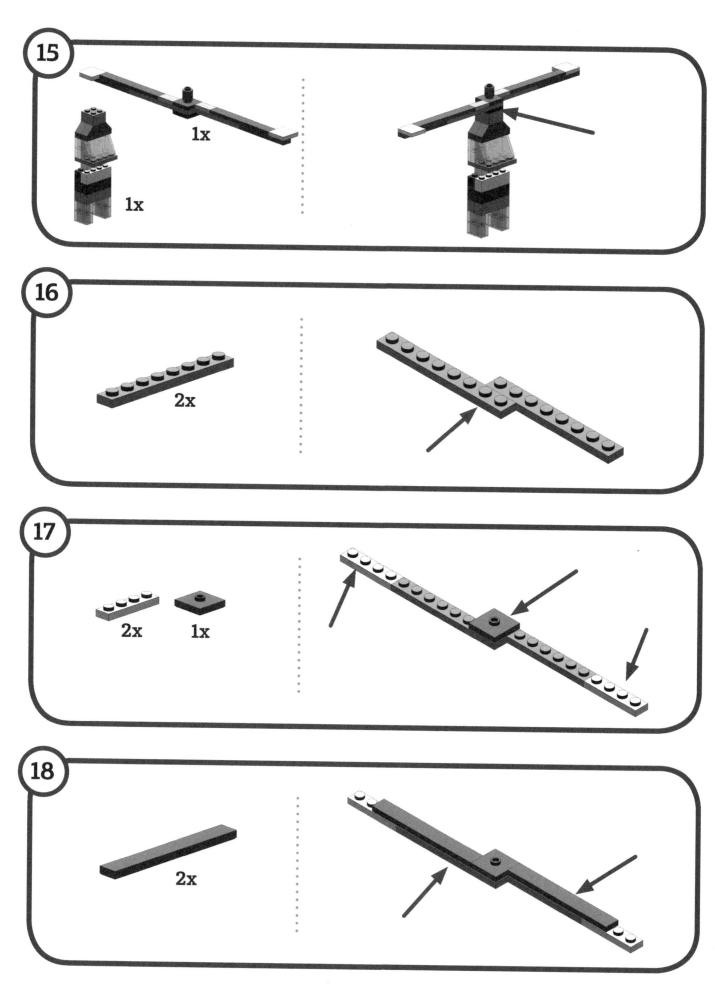

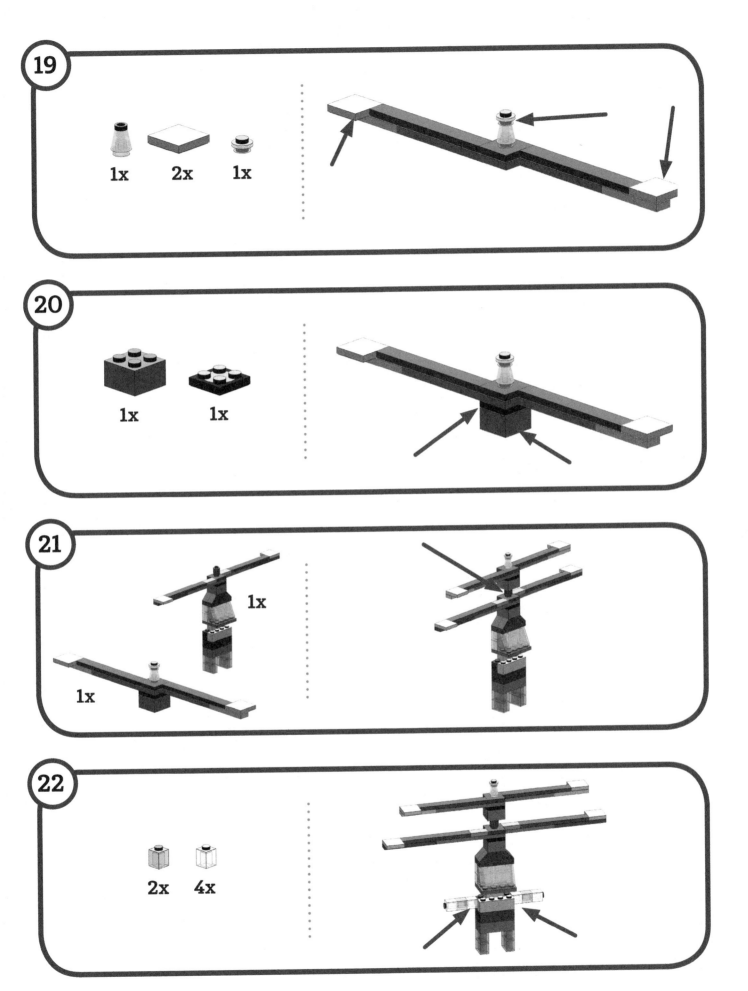

Build
Mr. Roboto Head

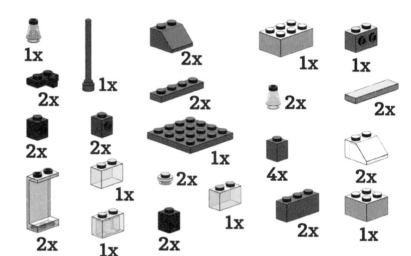

1x

2x

1x

1x

2x

1x

2x

2x

2x

2x

1x

4x

2x

2x

1x

2x

1x

2x

1x

1x

2x

1x

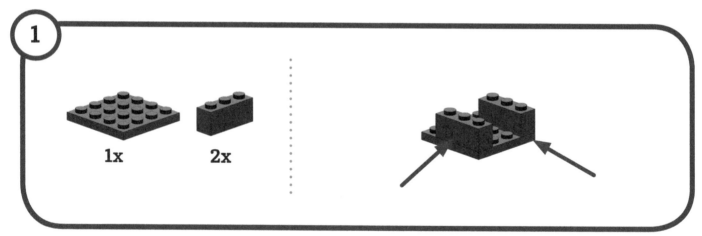

1

1x   2x

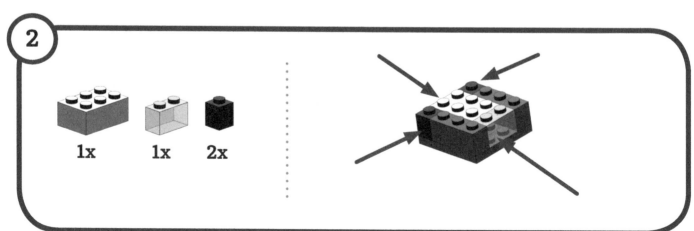

2

1x   1x   2x

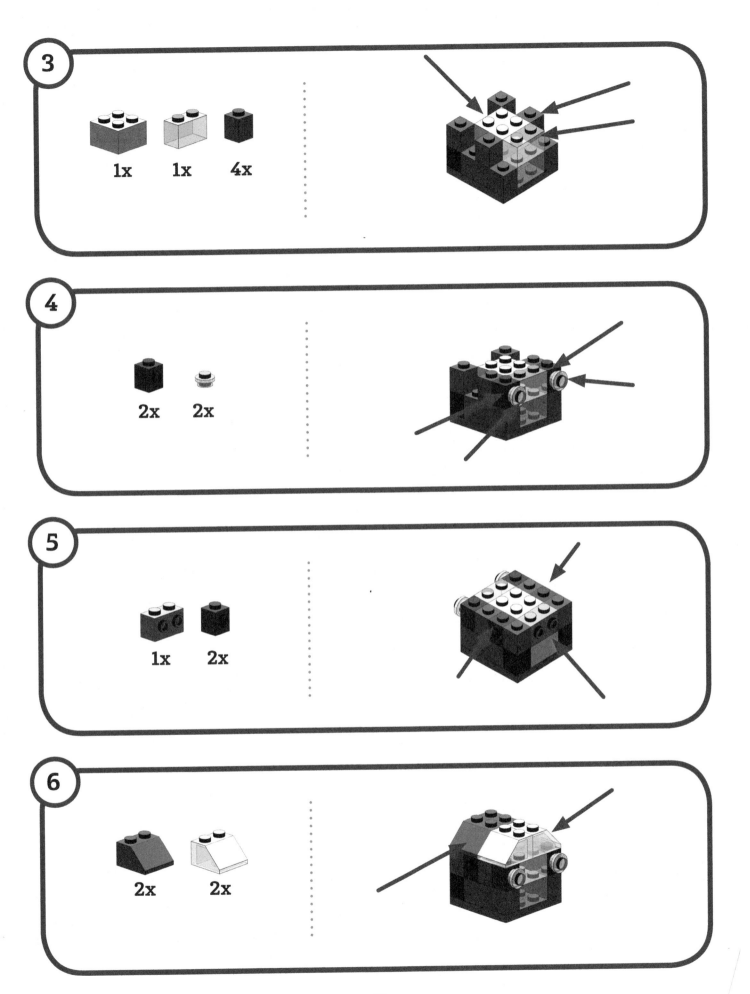

3

1x 1x 4x

4

2x 2x

5

1x 2x

6

2x 2x

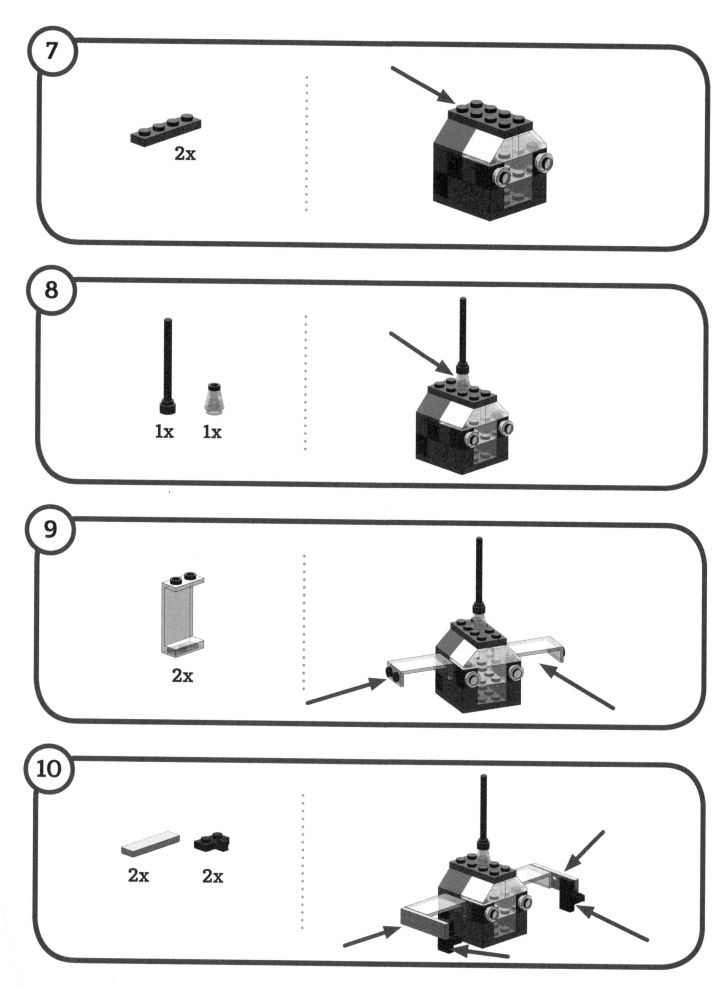

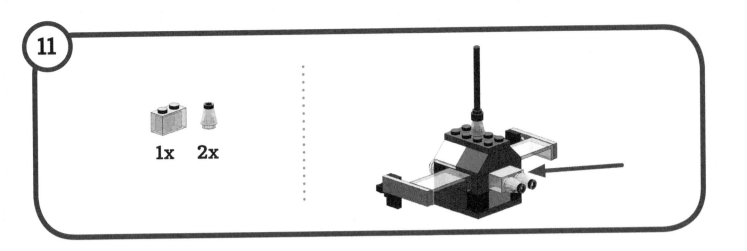

11

1x   2x

Build Robotron

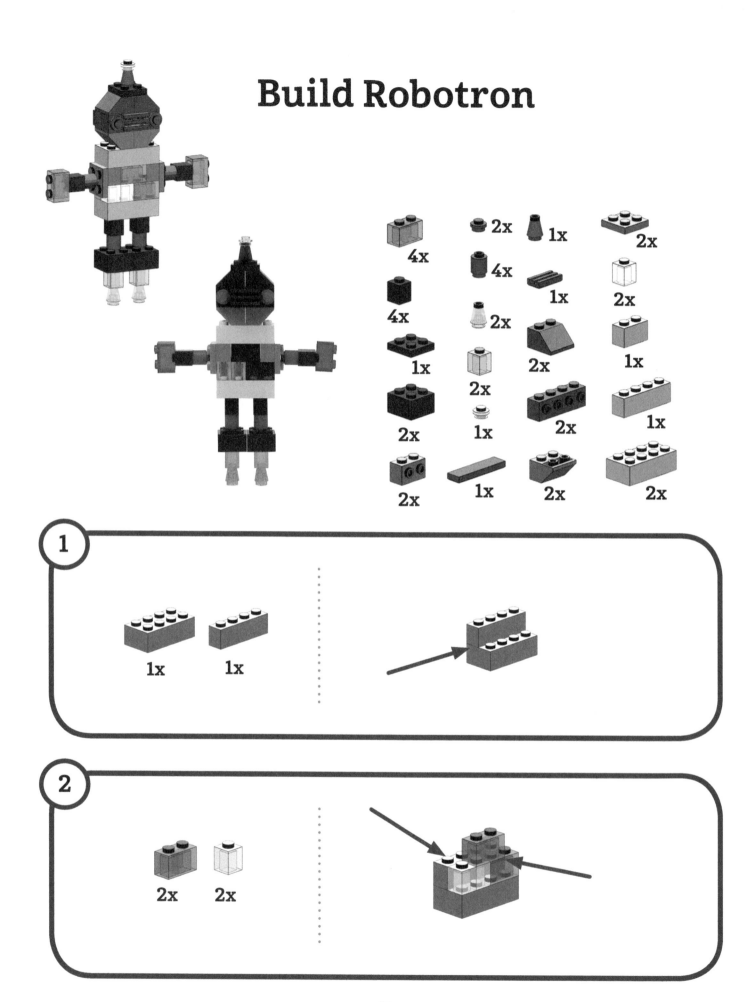

4x
2x
1x
2x

4x
4x
1x
2x

4x
2x
2x
1x

1x
2x
2x
1x

2x
1x
2x
1x

2x
1x
2x
2x

1

1x   1x

2

2x   2x

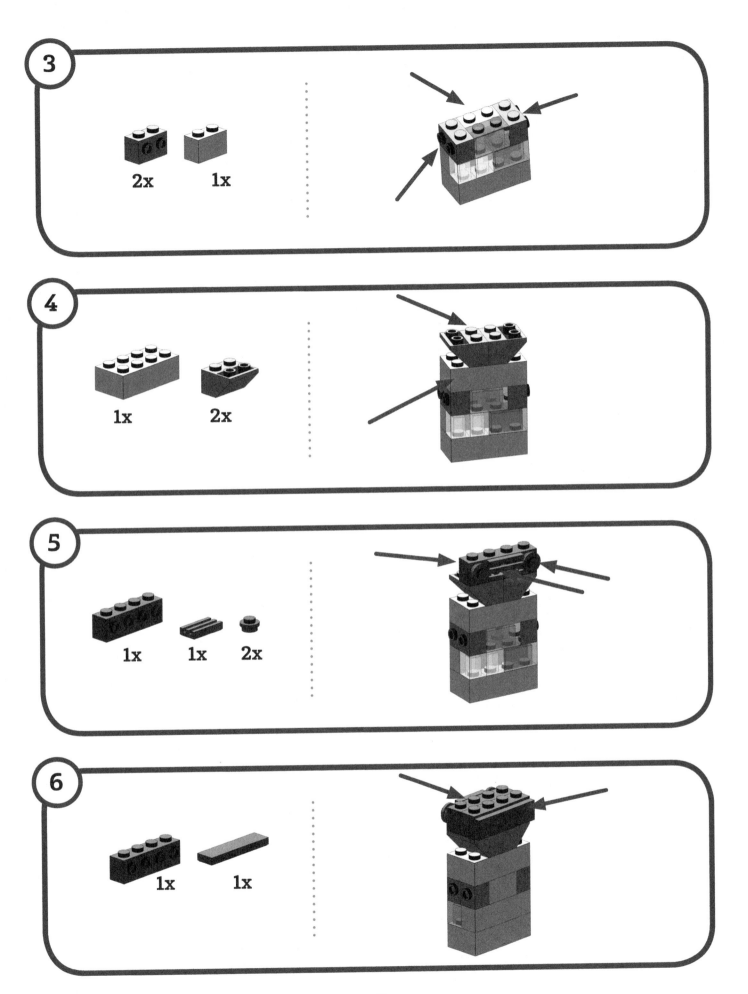

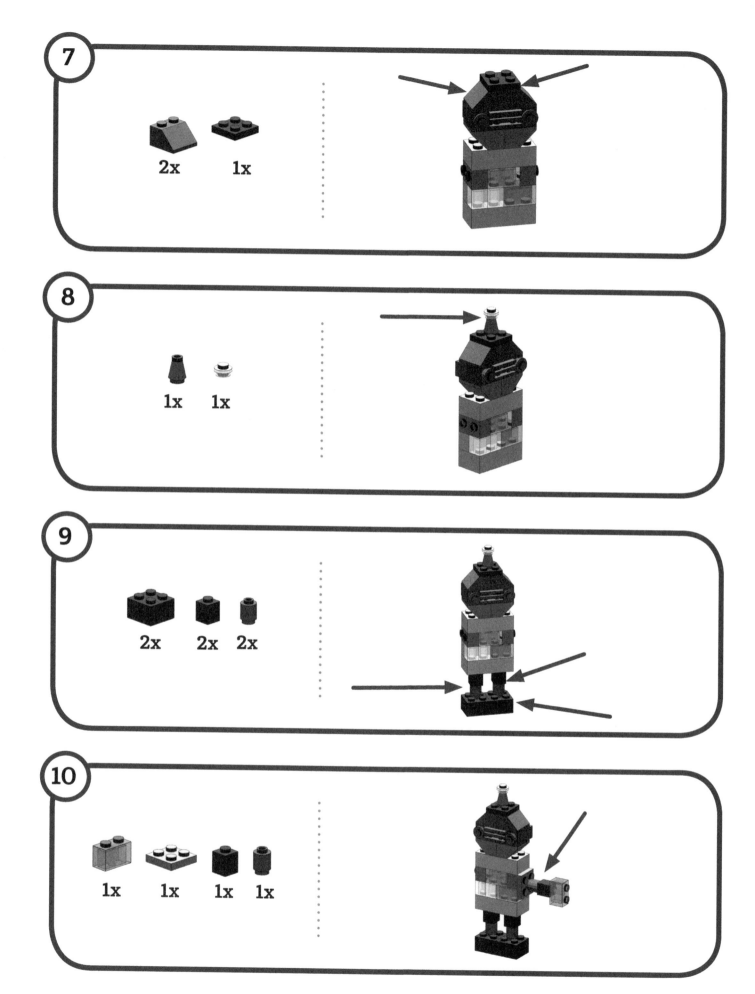

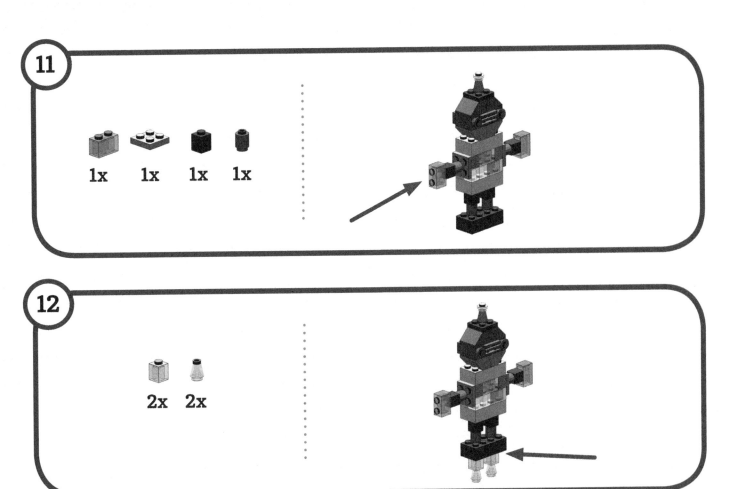

11 1x 1x 1x 1x

12 2x 2x

Flames

Robot Scout

Emergency Squad

Robot
Extinguisher

Rescue
Robot

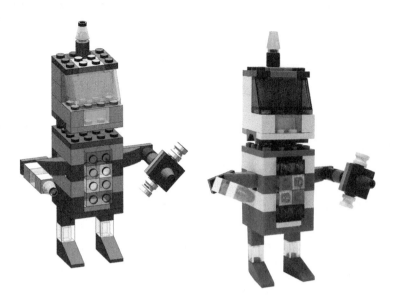

Build a Robot Extinguisher

1x 2x 1x 1x 1x 1x 1x 1x

1x 1x 1x 1x 4x 1x 6x 1x

1x 2x 4x 1x 4x 1x 1x 2x

1x 2x 3x 1x 2x 2x 1x 1x 1x

1x 2x 1x 3x 1x

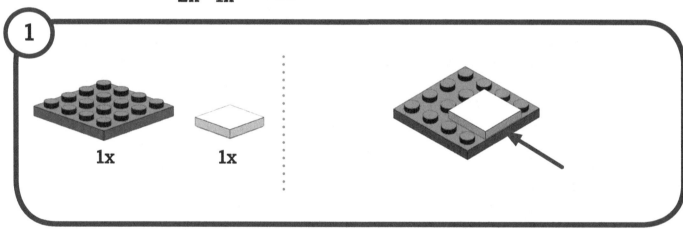

1

1x   1x   →

2

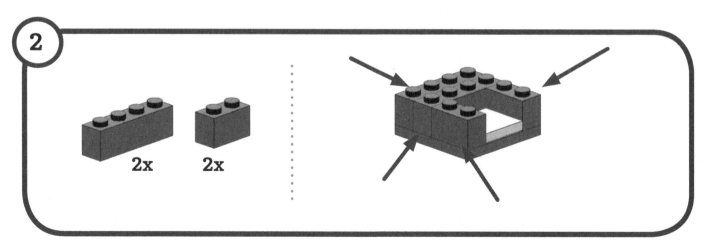

2x   2x

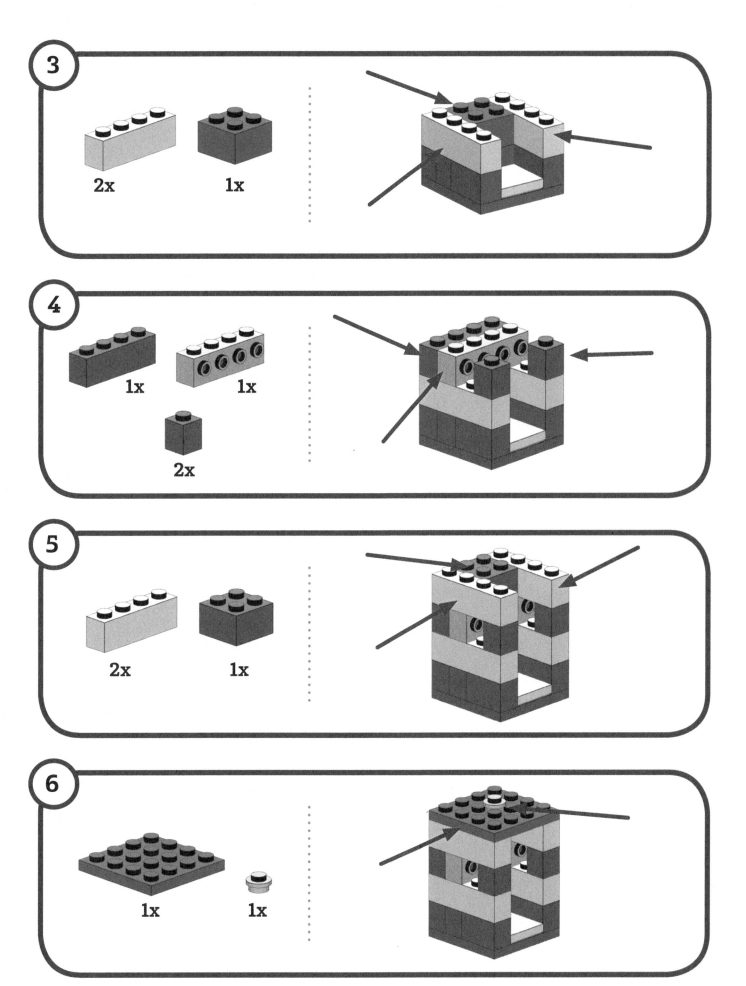

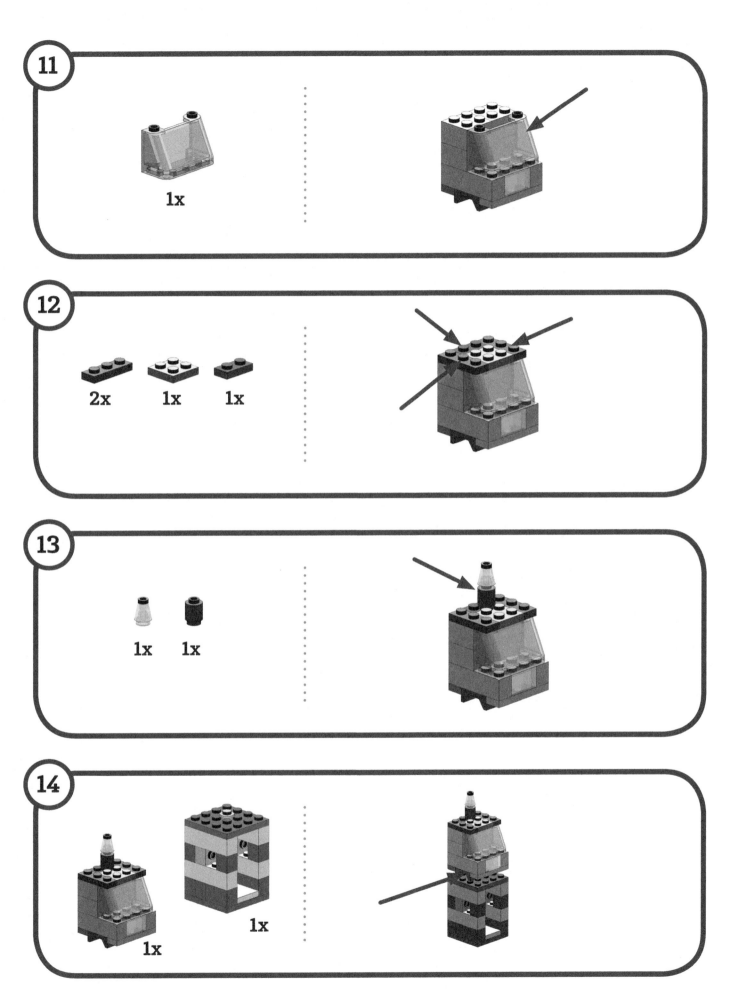

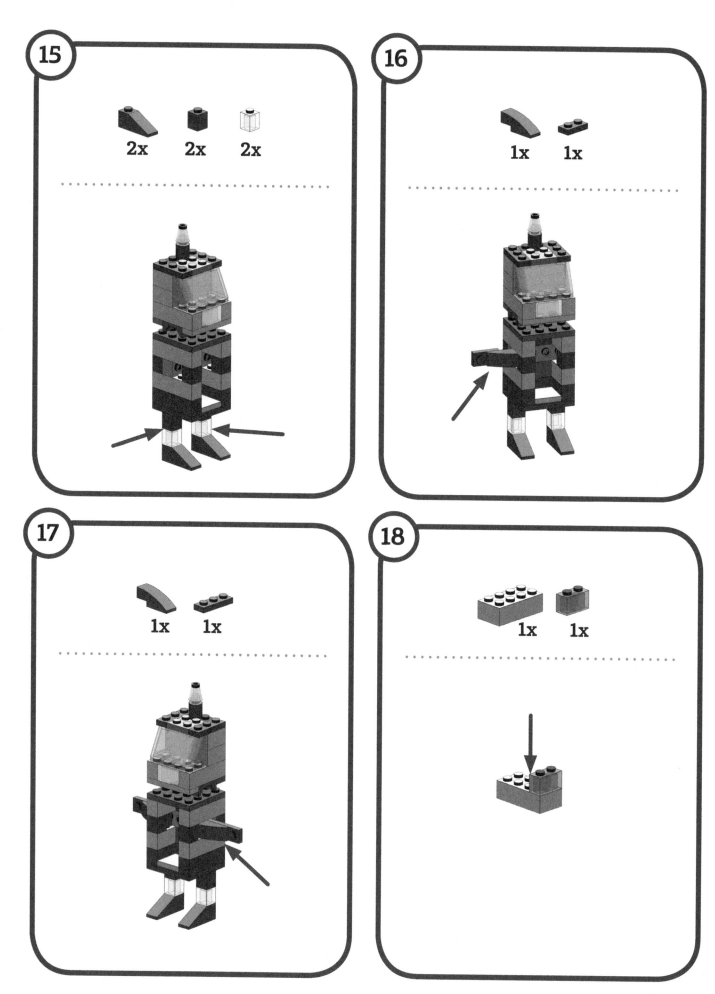

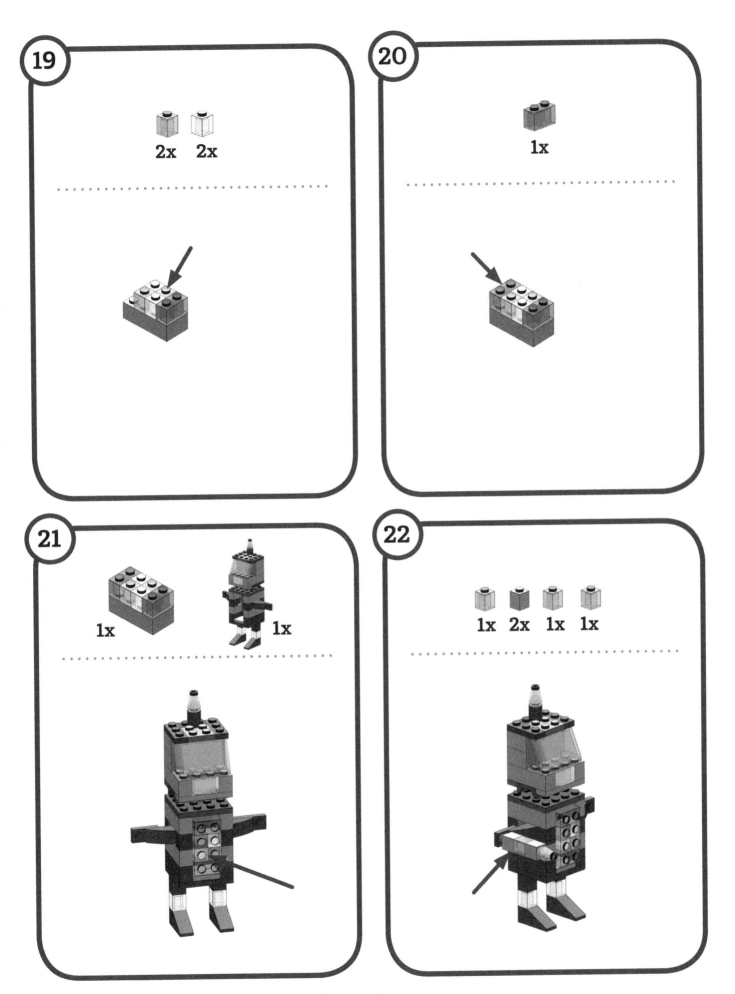

23

2x   1x

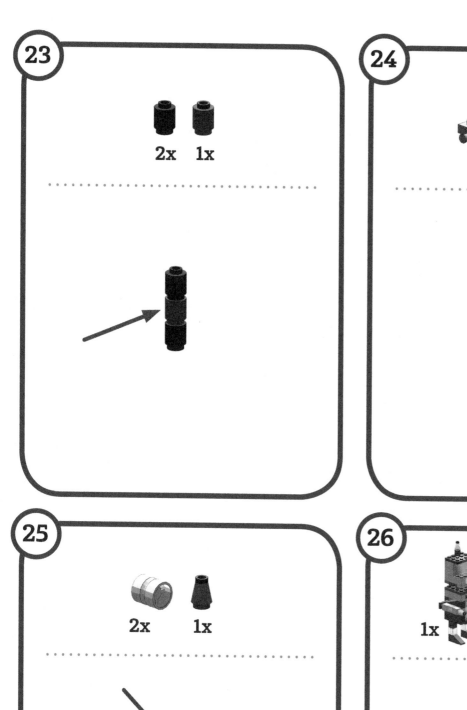

24

1x   1x

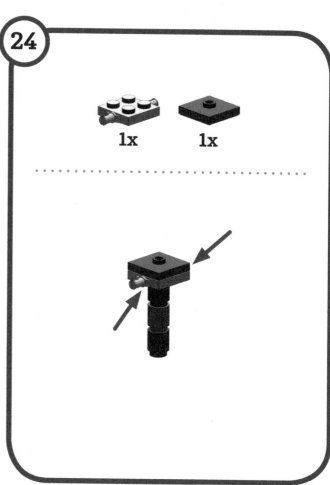

25

2x   1x

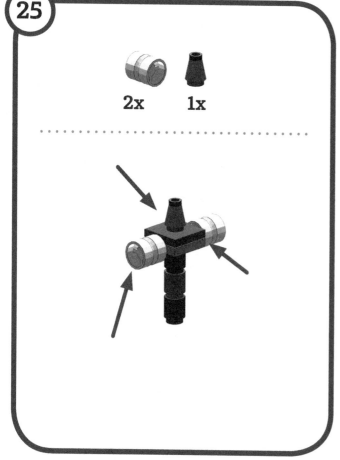

26

1x   1x

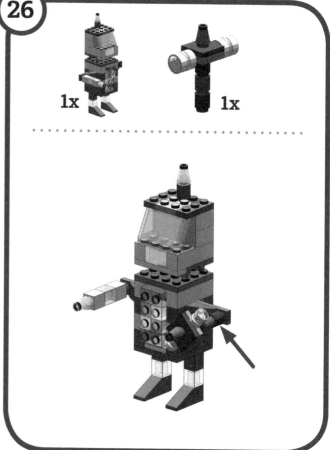

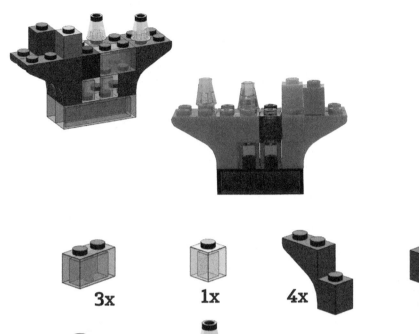

Build
Flames

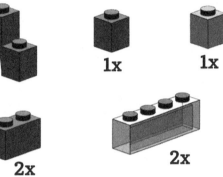

3x

1x

4x

1x

1x

1x

2x

2x

2x

1

2x

2

2x

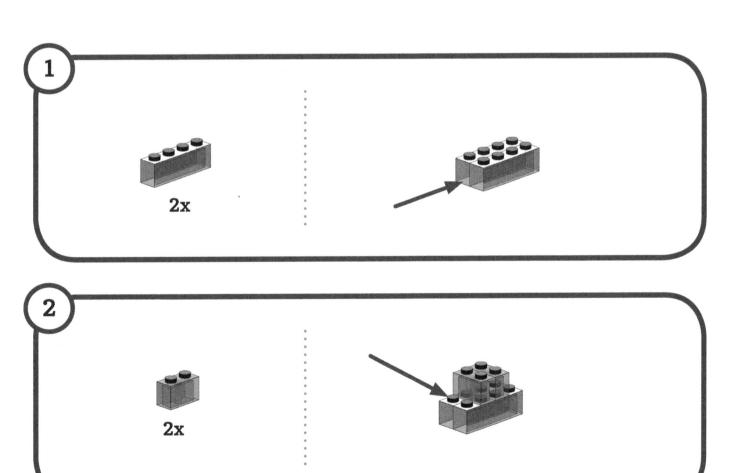

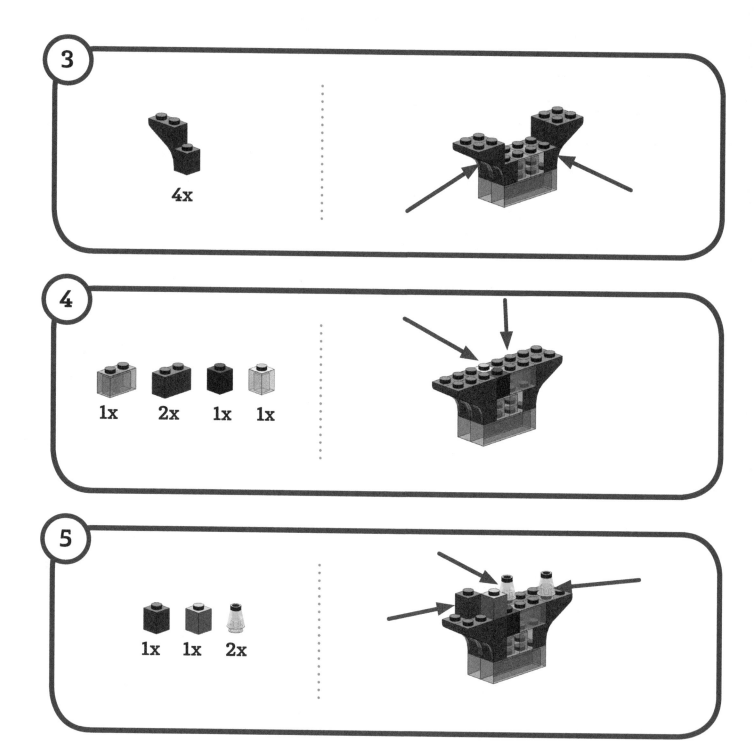

3

4x

4

1x 2x 1x 1x

5

1x 1x 2x

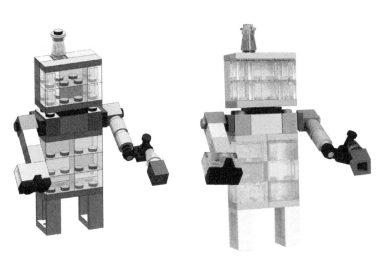

Build a Robot Scout

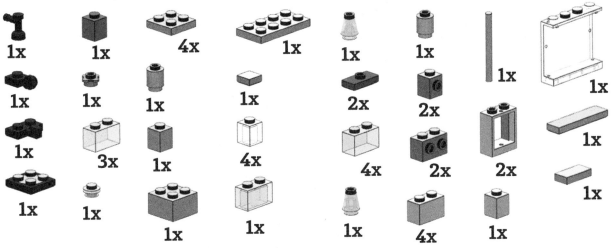

1x 1x 4x 1x 1x 1x 1x

1x 1x 1x 1x 2x 2x

1x 3x 1x 4x 4x 2x 2x 1x

1x 1x 1x 1x 1x 4x 1x 1x

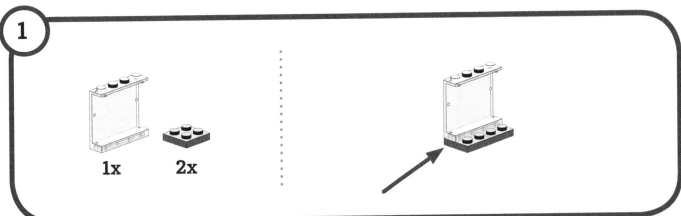

1

1x   2x

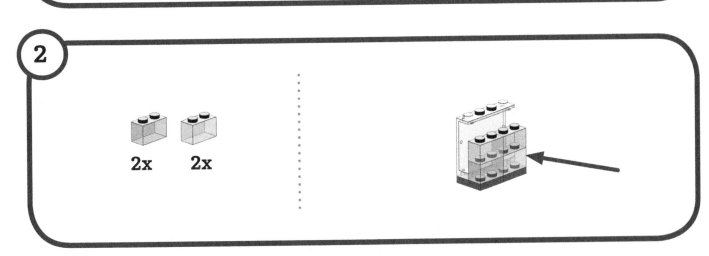

2

2x   2x

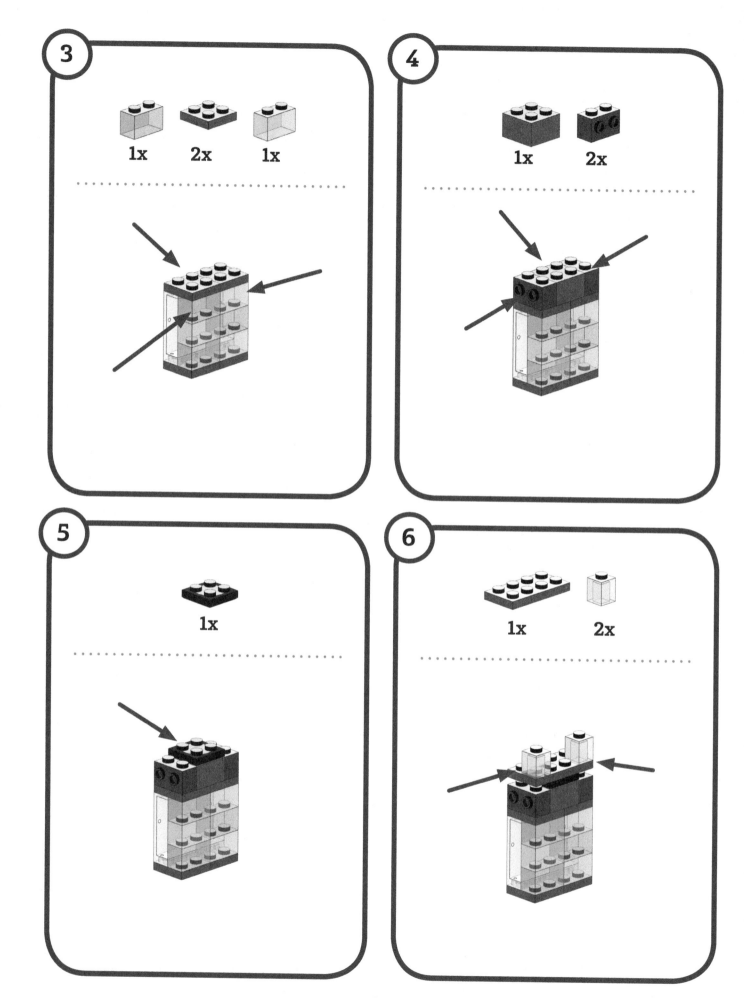

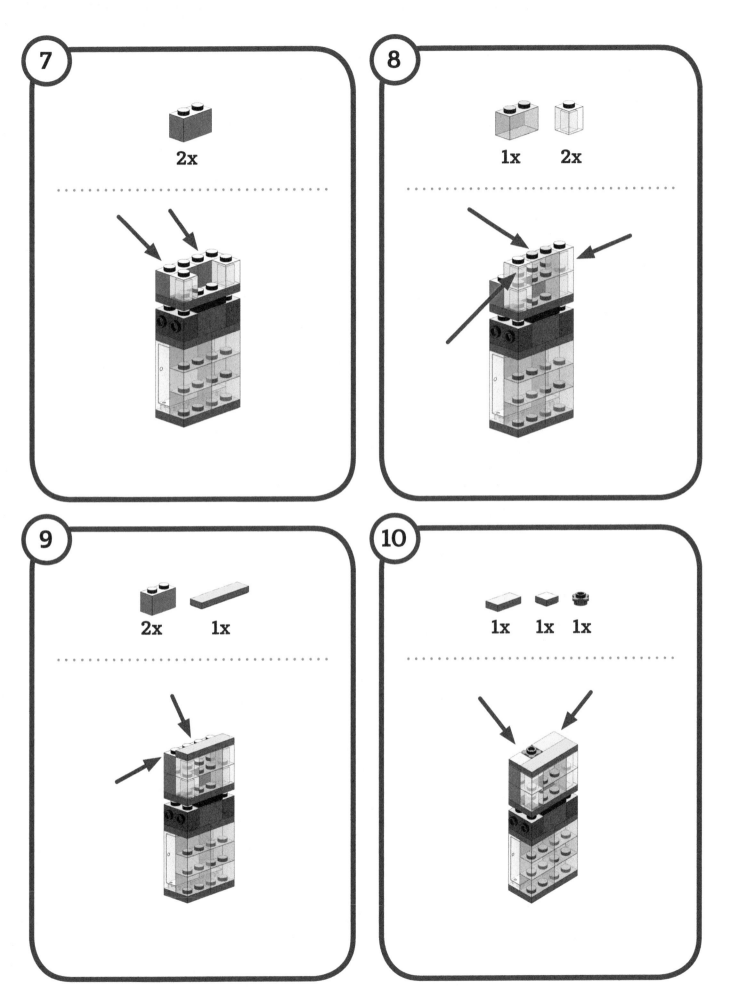

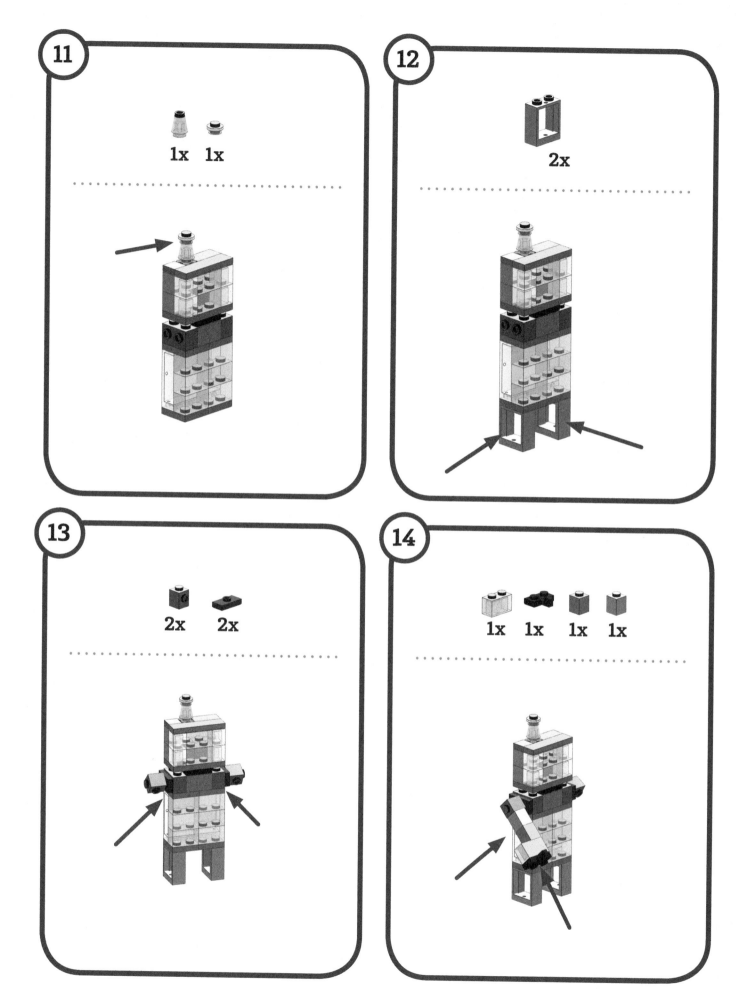

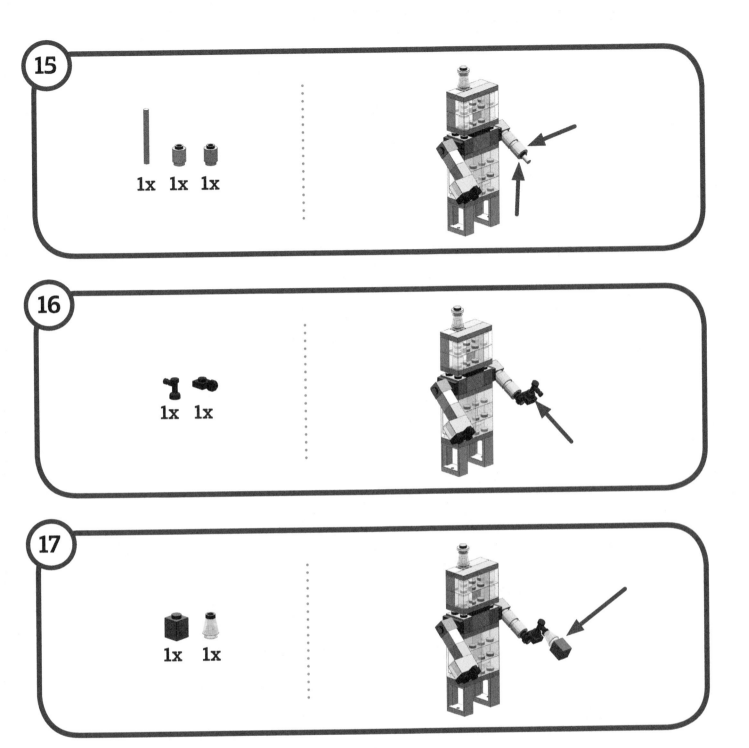

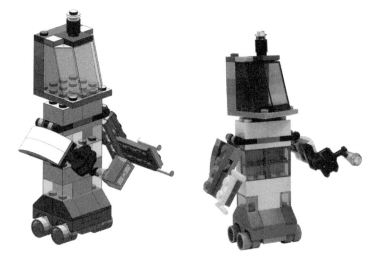

Build a Rescue Robot

1x · 1x · 2x · 1x · 1x · 1x · 4x · 2x · 4x · 1x

4x · 1x · 1x · 3x · 2x · 1x · 2x · 1x · 1x

1x · 1x · 1x · 1x · 4x · 4x · 1x · 3x · 2x

2x · 2x · 2x · 1x · 1x · 1x · 1x · 1x

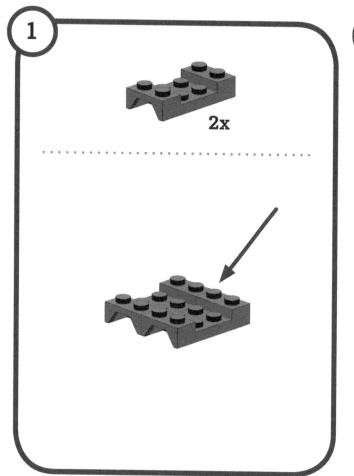

1

2x

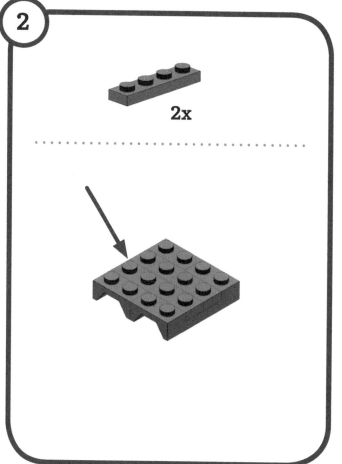

2

2x

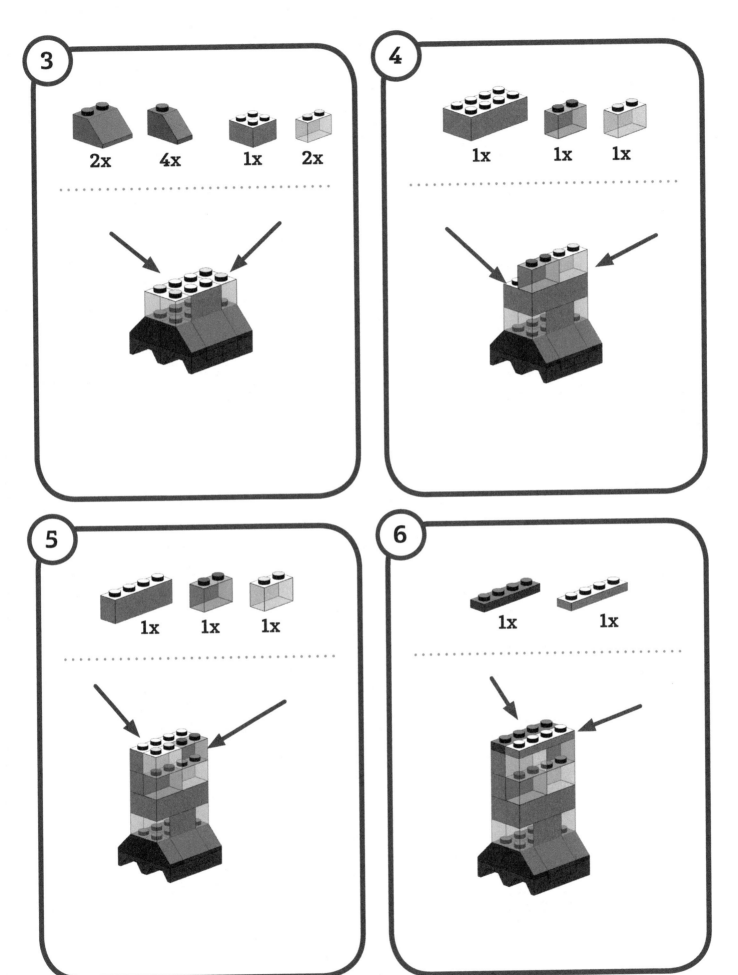

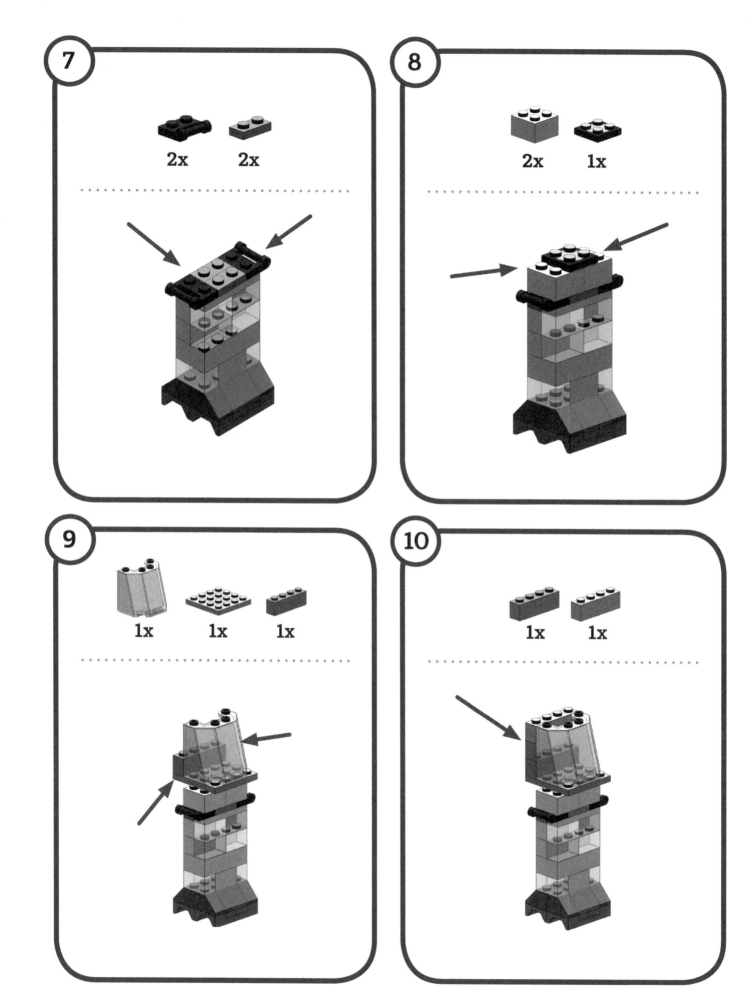

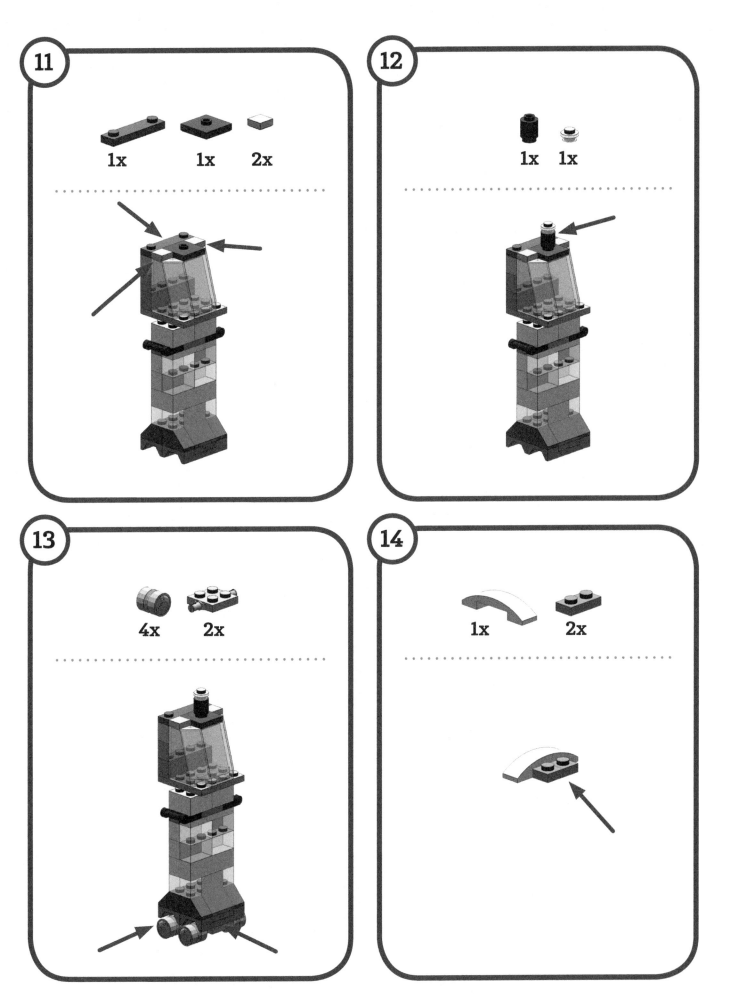

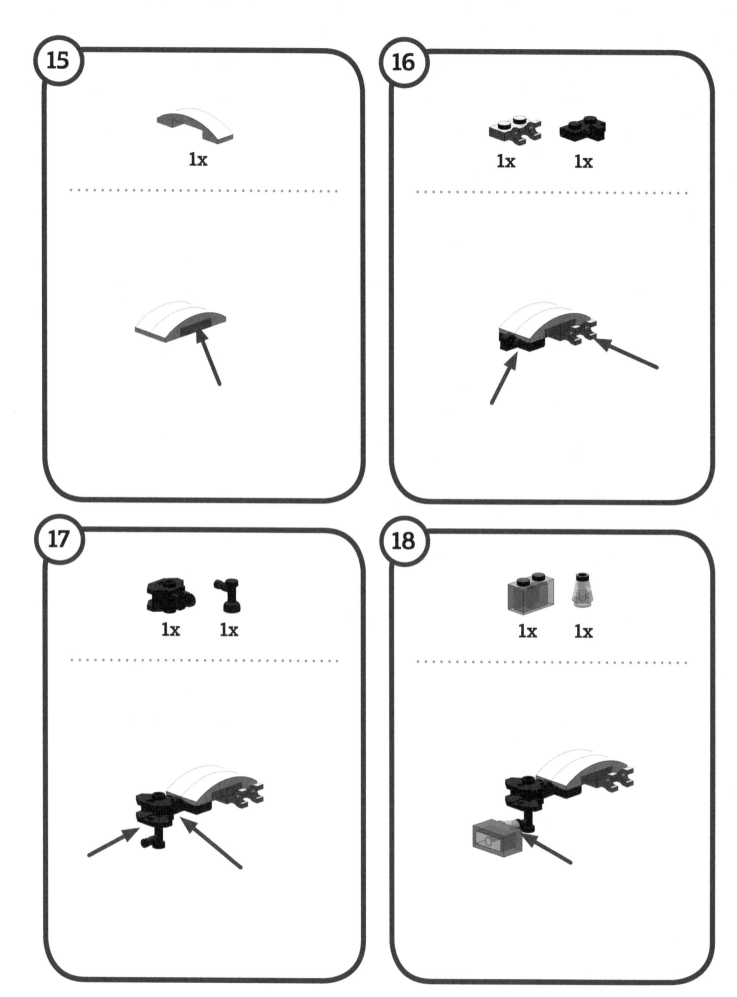

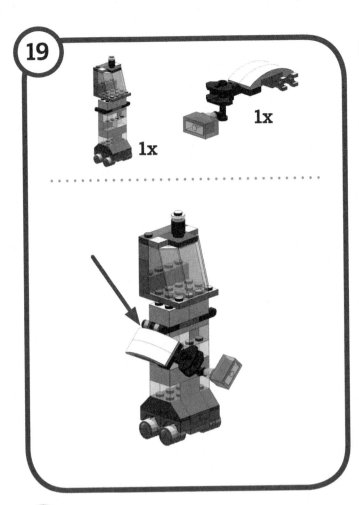

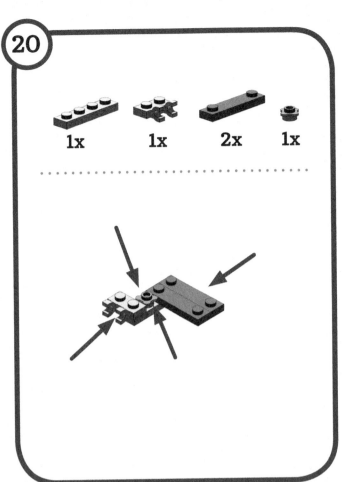

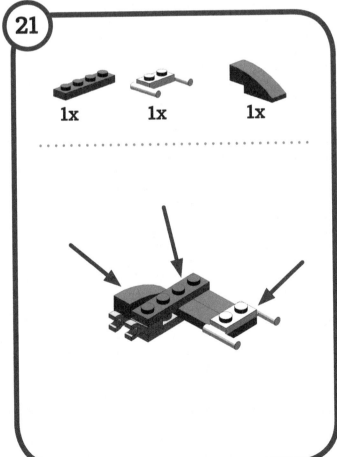

Space Adventure

Roverbot

Robot Alien

Build a Roverbot

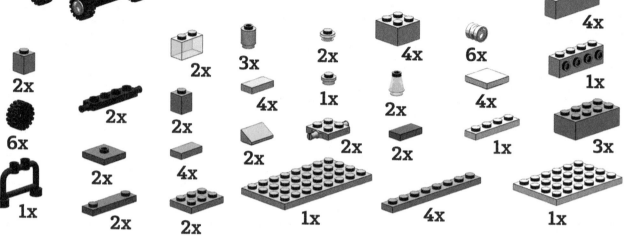

2x

6x

1x

2x

2x

2x

4x

2x

3x

4x

2x

2x

2x

1x

2x

4x

1x

4x

2x

2x

2x

1x

4x

6x

4x

1x

4x

1x

3x

1x

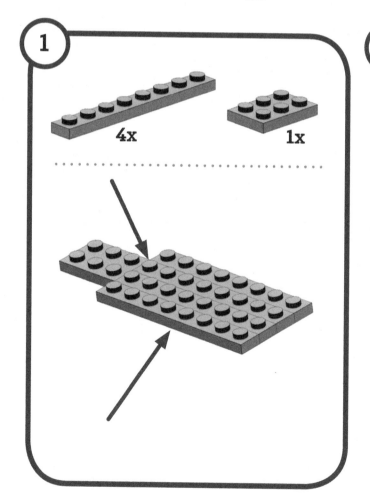

1

4x   1x

2

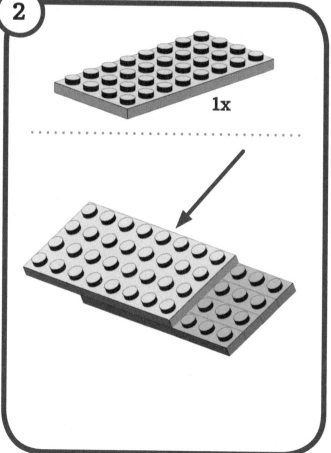

1x

3

2x   2x

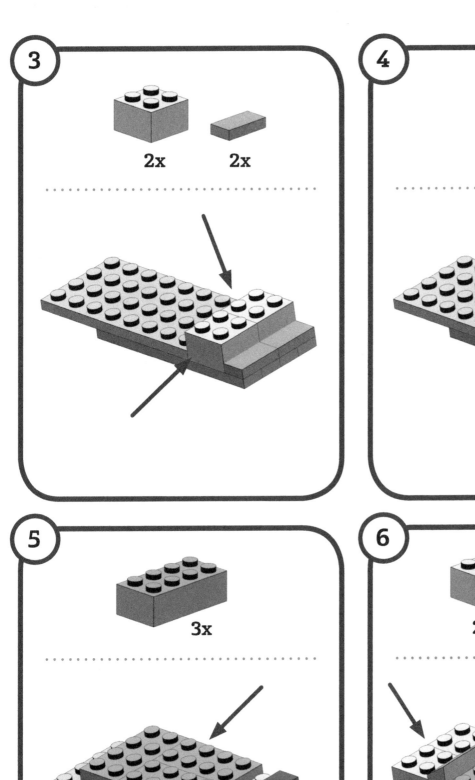

4

2x

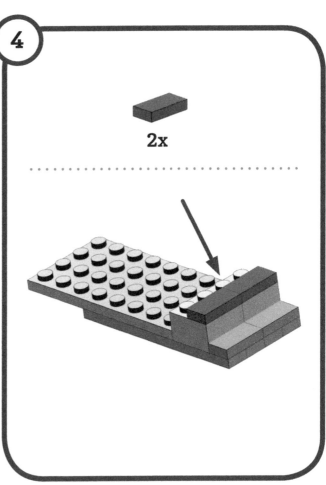

5

3x

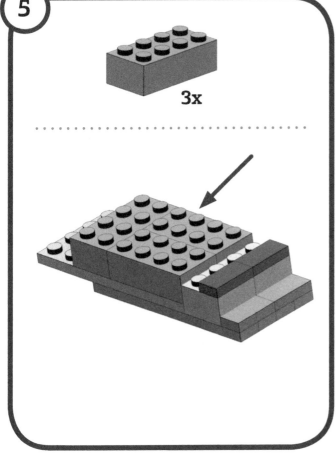

6

2x   2x

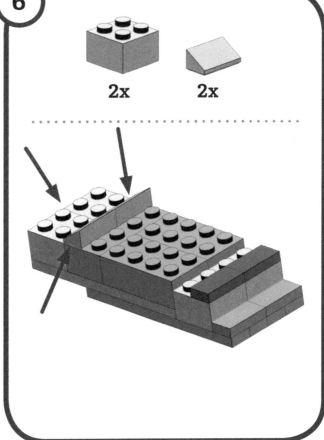

2x   2x

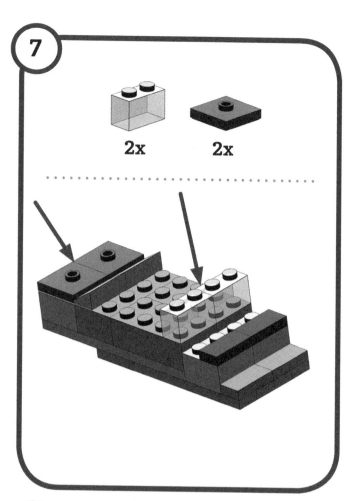

4x

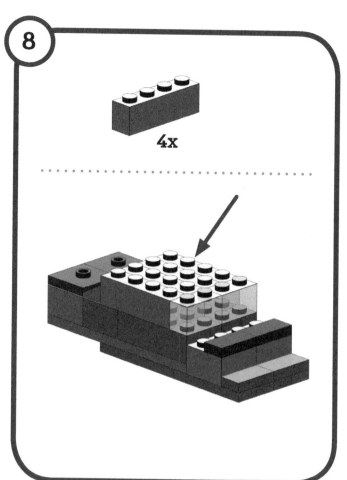

2x   1x

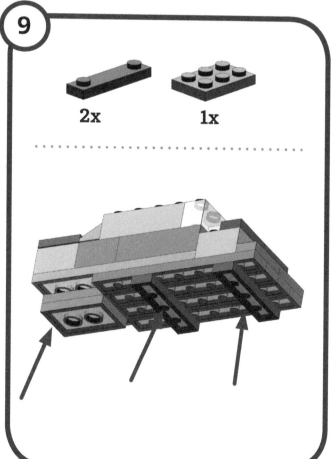

2x   2x   2x

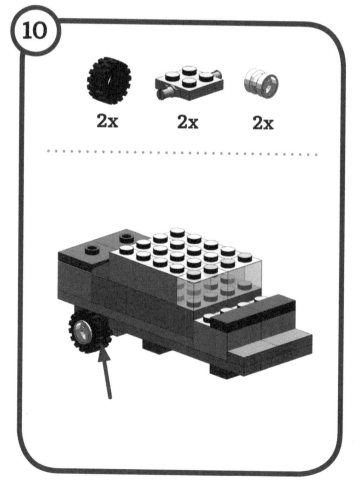

11

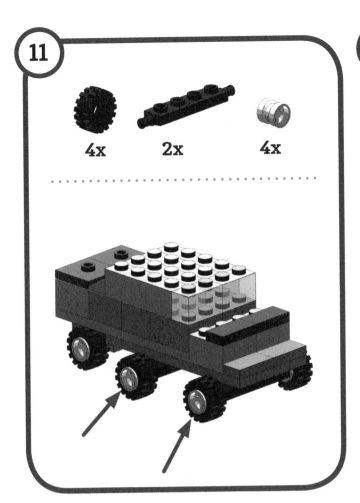

4x 2x 4x

12

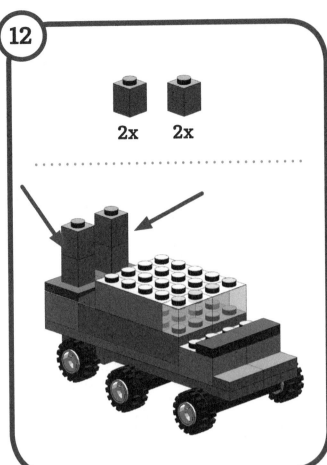

2x 2x

13

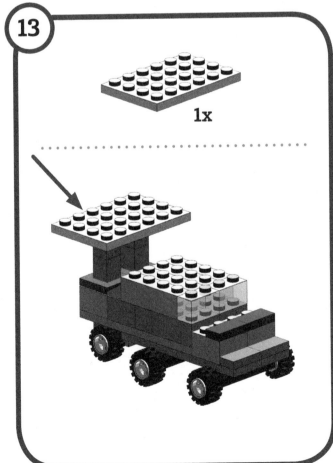

1x

14

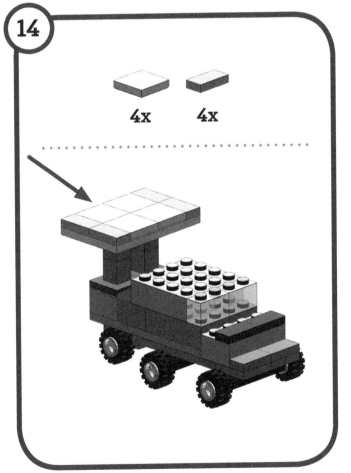

4x 4x

15

1x 1x

16

2x 3x

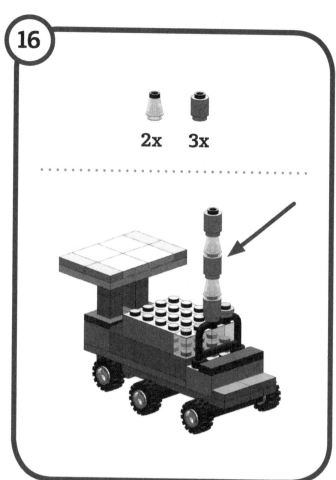

17

1x 1x

18

2x 2x

Build a Robot Alien

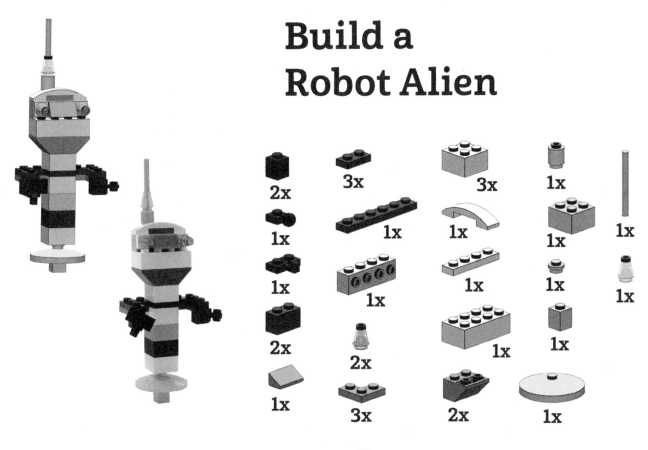

2x 3x 3x 1x 1x

1x 1x 1x 1x 1x

1x 1x 1x 1x

2x 1x 1x 1x

2x

1x 3x 2x 1x

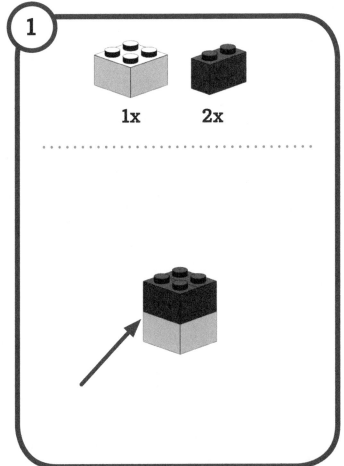

1

1x   2x

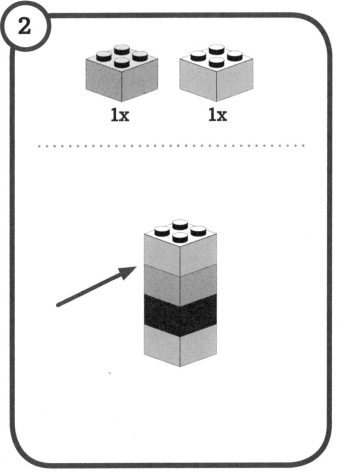

2

1x   1x

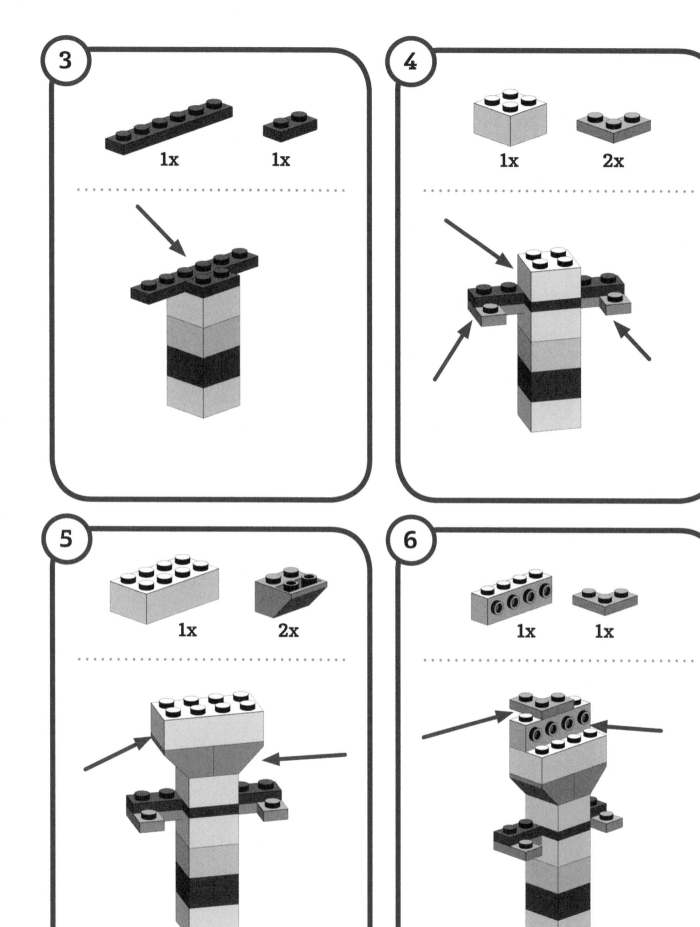

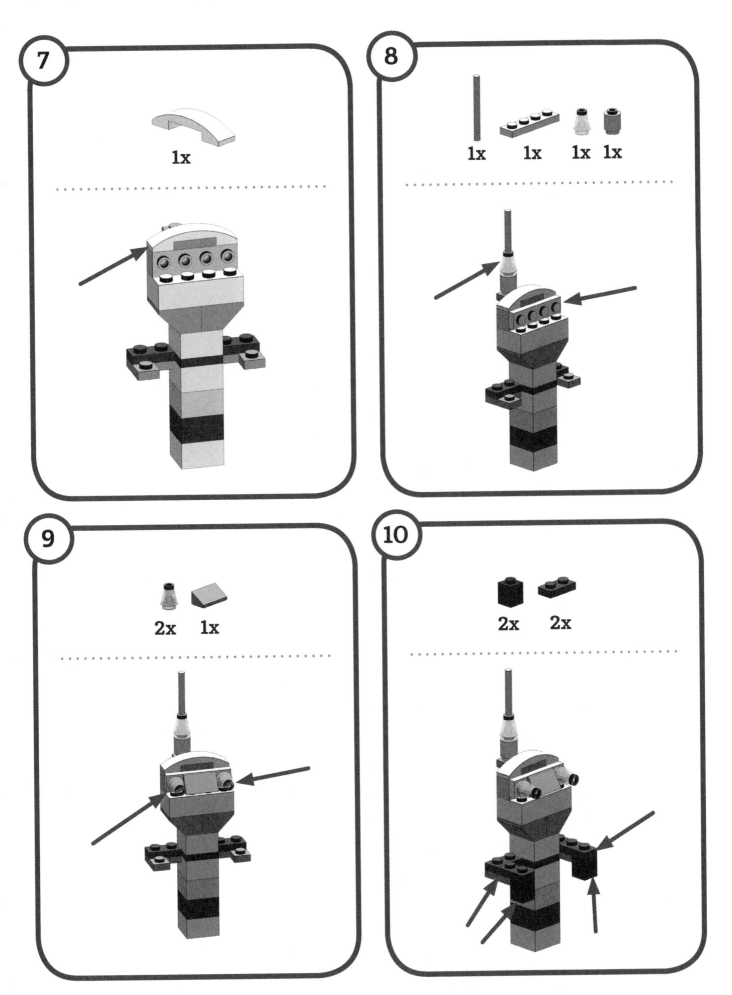

7 1x

8 1x 1x 1x 1x

9 2x 1x

10 2x 2x

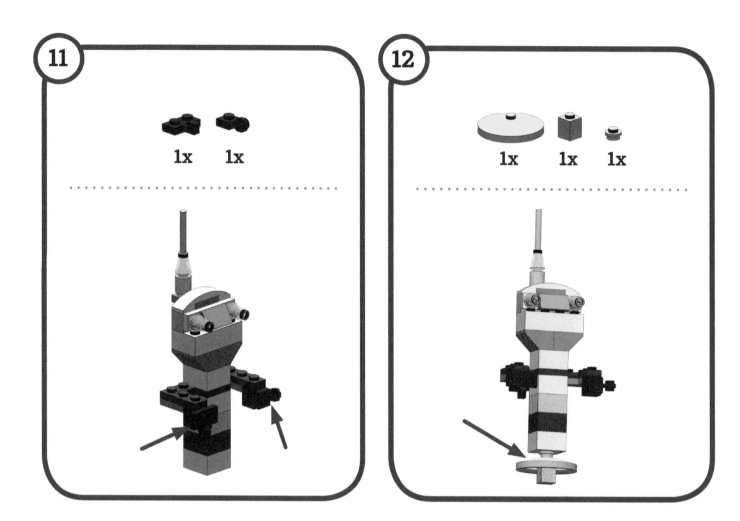

Library of Congress Control Number: 2017947544
ISBN: 9781513260839

Designer: Vicki Knapton

GRAPHIC ARTS
BOOKS®

GraphicArtsBooks.com

The following artists hold copyright to their images as indicated:
Backyard Picnic, pages 6-7 and front cover: Elvetica/Shutterstock.com
Modern City, pages 1, 36-37: Bukhavets Mikhail/Shutterstock.com
Building on Fire, pages 52-53: SkyPics Studio/Shutterstock.com
Planet in Outer Space, pages 74-75 and back cover: osk1553/Shutterstock.com

The author thanks the LDraw community for the parts database it makes
available, which is used for making instructions found in the book.
For more information on LDraw, please visit ldraw.org.

Make sure your Build It! library is complete

○ Volume 1

○ Volume 2

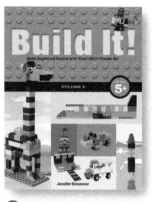

○ Volume 3

○ World Landmarks

○ Things that Fly

○ Things that Go

○ Things that Float

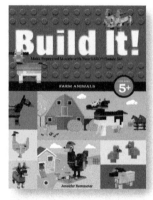

○ Farm Animals

Visit GraphicArtsBooks.com for more titles in the series

CPSIA information can be obtained
at www.ICGtesting.com
Printed in the USA
BVOW05*1753151117

500482BV00021B/509/P

9 781513 260877